U1004373

劳动课与养活教育

聂圣哲 著

浙江文艺出版社
Zhejiang Literature & Art Publishing House

果麦文化 出品

序：养活自己，是一切的基础

教育是一个既复杂又简单的领域。说它复杂，原因是多重的，有来源于中国传统文化千百年来对教育的定位与期待；有家族、家庭对教育的诸多不切实际的愿景，甚至畸形的期盼；也有略具社会影响的人心血来潮想出来的“创新”方法，给教育带来的“杂音”干扰。

而要说教育简单，首先是指要教每一个受教育的人做一个“诚实、勤劳、有爱心、不走捷径”的真人，其次是学好专业技能和知识，树立靠双手和头脑立足社会的观念，将来到社会上做一个快乐、平凡的劳动者。这样的教育，本质上并不复杂，更谈不上高深莫测。

“养活教育思想”是我于2009年提出的。

当初提出“养活教育”这一概念时，我的内心比较忐忑，担心很多人会觉得这一概念是历史的倒退。

人类社会发展到今天，从靠原始狩猎、物质匮乏的时代，到今天的丰衣足食，特别是近些年移动互联网的高速发展，让人们陶醉在一种新时代到来的亢奋中，言谈间不是人工智能就是“诗和远方”，仿佛人类已经再也不屑考虑衣食住行这类“庸俗”问题了。

造成这一假象的社会因素较多，但正在老去的这一到三代家长（出生于1940—1969年）负有不可推卸的责任。

这些家长大约在50岁至80岁之间，严格来讲是两代人的年龄范围，他们基本都有年龄在10岁到40岁左右的子女或孙辈。这些家长，目睹和体验过中国困难时期的拮据生活，随着改革开放带来各种机遇，他们或多或少都有过为后代创造生存条件的机会。在他们的观念中，不给后代留下几套房子和数额可观的存款，就是很不“称职”的长辈。

这些家长，大部分没有上过全日制大学。他们那个时代，中国只有极少数人能上大学。他们眼中这些少数考上大学的人，大都因为读大学而改变了命运，于是，他们的脑海中形成了一个“真理”：一个人只要上了大学，就解决了人生的一切问题。

“一对夫妇只生一个孩子”的政策推行了30来年，许多家庭只有一个孩子，所以父母对孩子倍加珍惜，似乎从孩子生下来，一切就要围绕将来读一所好大学来设计和实施。还有更极端的，把孩子变成了不食人间烟火的考试机器。

这些父母忽略了一个要素。正因为只有一个孩子，所以家庭还能维持孩子较高的教育和衣食住行标准；孩子一多，几个孩子一平均，一般平民家庭是满足不了的。

现实中，绝大多数孩子的父母，总是在自我欺骗或自我安慰中伴随着孩子成长。

当孩子呱呱落地，第一声啼哭传来，孩子的父母（大部分）都会有一种幻觉：自己的孩子连哭声都与众不同，清脆中带着智慧，坚定地认为这孩子只要舍得培养，将来肯定是上北大清华的料。然而事实上，这往往成了一条不断摧毁父母和孩子自尊自信的道路：孩子小学毕业的成绩表明，上清华北大是没希望了，那就退而求其次，只要上985院校就行了；到孩子初中毕业，成绩又表明，这个孩子上985院校是没希望了，那就一定要保证能进入一本院校；到了高二，觉得孩子进入一本院校已经无望，那就定下最后的目标，争取上个二本院校，再选个好一点的专科保底。

而无论是最终上了清华北大，还是专科院校，孩子的成长过程基本雷同：除了考试，不具备其他能力。不会做饭，不会洗碗，不会洗衣服，更不会做西方流行的各类DIY（手工），因为孩子的家长认为他们不需要从事这么初级、简单的劳动，也正因此，家长在孩子成长过程中没有给他们提供生活自理能力的训练。

有了这样的家长，就催生了诸多迎合家长的商家，各种补习班、兴趣班，高昂的收费还在其次，浪费了孩子的时间才是致命的。一个不会劳动、四肢没有经过训练、不具备生存能力的孩子，长大以后很难适应社会，能力、情商都会出问题。这样的孩子，年轻的时候可以啃老；35岁左右，生活就会变得艰辛起来，因为父母已经到了退休年龄，资助孩子的能力越来越弱；等到父母去世，他们甚至会无所适从，不知道离开了父母这样免费的甚至有点自我作践的“服务员”，自己该怎样活下去。

很多孩子也不是除了考试以外没学过别的，他们学了钢琴、小提琴、跆拳道、网球、绘画、舞蹈……

就是没学过叠被子、洗衣服、烧饭菜、倒茶递水，更没有对全家一个月的花销做过一次次的计划、优化，来实现同样成本下的生活质量的提升。

我曾与一个美国研究基础教育的教授闲聊，他的调查结果是：平均来讲，一个钢琴考了十级的孩子，将来如果不从事音乐工作，这一生弹钢琴的次数不会超过20次。这个数据让我非常吃惊，一个孩子把钢琴练到十级，要花掉无穷无尽的时间！如果用来学习叠被子、洗衣服、烧饭菜、倒茶递水、待人接物、计划和安顿生活……这个孩子将来的生活将是何等自在，事业也有可能非常优秀！

有的人对我正在讨论的问题非常不屑——都什么年代了，还去叠被子、洗衣服、烧饭菜、倒茶递水……这些服务，都可以"买"！雇月嫂，找钟点工！那么，我要问你，从哪里买？从天上买吗？这些卖的服务，不同样需要一批人来做吗？你能保证你的孩子就不在"卖"的行列？

你觉得这些油盐酱醋、锅碗瓢盆的事情俗气，自己的孩子必须高大上。那么，我要告诉你，每一个人都要吃喝拉撒睡，都要结婚同房生娃，你怎么知道，你的孩子将来就是买服务的？你的孩子是继承了巨额遗产，还是特别能挣钱？再说了，你与孩子商量过吗？你的孩子愿意高大上地端着，而不是平凡地生活吗？

现代社会越来越讲究服务交换，拿锅铲的和握鼠标的，都是社会的需要，缺了谁，社会都会出问题。

香港有一个富豪的儿子，在加拿大出生、长大，从小就喜欢美食，味觉特别发达。他从名牌大学的计算机专业毕业以后，还是喜欢烹饪这一行，现在在一家法国餐厅做大厨。他是一个有趣也有修养的人，每次有新菜都会发微信给我，看得出来，他乐在其中。几年前，我问过他，父亲有这么大的家业，为什么要当厨师？他的回答让我很吃惊：父亲的生意是很挣钱，但那只是数字而已，没有太大意义。而他做的每一道菜都有味道、有色彩，更有温度！把味道、色彩和温度送到每一位客人面前，他对此十分自豪。

很多人受单一的文化价值观熏陶太久，他们认为，人分三六九等，业有尊卑贵贱，“学而优则仕”是主流追求。其中的糟粕，我不想过多评说，但当你那双从小只会敲键盘、摸鼠标、玩手机的手，在现实社会面前变得无用的时候，那个拥有一双会使菜刀和斧头的手、能养活自己的人，却更可能有“诗和远方”。而那个只会敲键盘、摸鼠标、玩手机的人，极有可能食不果腹，经常要为下一顿饭发愁。

在这个社会上，你首先要生存；只有先生存，你才能起步。至于“诗和远方”“仰望星空”，那是只有能生存得很好的人，才可能达到的境界。所以说，养活教育是根本，而其他教育是境界。没有根本，何谈境界？

一个不能自我生存的人，首先是你主动抛弃了社会，然后才是社会抛弃了你。这基本上是一个真理。

最后要说明的是，为了使读者花最少的时间理解养活教育的精髓，本书字数一删再删，表达也力求平实，以求大家都能很快将养活教育思想融入自己的生活。

聂圣哲

2020年春

于姑苏城外改华堂

目录

实践

附录

绪论

我对教育始终有浓厚的兴趣。

教育这个领域，世界上有许多流派，各有各的侧重，各有各的视角，所以各有各的说法，这导致了各个国家的教育历史和现状都是有区别的，有些方面，区别还挺大。

但是，中国的教育现代化改造，始终没能够完成。中国虽然在知识的传授和一些教育方法上有了现代教育的形式，但并没有完成从私塾科举到现代教育的彻底转型。

中国的教育现代化进程也有一百多年时间了。因为有一个风雨飘摇的晚清和当时刚刚建立的民国的窗口期，中国的教育现代化才得以有了一些根基。到了民国，政权相对稳定的时候，中国教育现代化获得了一个飞速发展的时期，这个时期之所以能够让中国教育取得辉煌的成就，与蒋介石这个浙江人是分不开的。浙江人，既有崇文的传统，又有闯荡江湖的胆略，甚至还有尚武的精神和与之相应的义气。这就使得作为民国政府最高决策者的蒋介石，对教育有一种情怀——发自内心对教育专家和学者的尊重与包容。“海阔凭鱼跃，天高任鸟飞”，中国教育在20世纪20—40年代，经历了一段飞速发展的时期。

新文化运动始终是一场有争议的运动，各类学者在不同的立场有不同的看法。但是，新文化运动中的“打倒孔家店”和“白话文运动”，应该得到完全的肯定。打倒孔家店，其本质，一是要把读书人从对当官的痴迷中解放出来，二是让没有读过书的人也获得应有的尊严。白话文运动，力求并且做到了“书面语同口语基本相一致”，使语言这样一个重要工具更容易被掌握，得到了更大规模的普及，全面提高了平民的语言驾驭能力。

打倒孔家店和白话文运动，对中国社会的进步是极其重要的，让中华民族直接拿到了通向现代社会之门的钥匙，而掌握这把钥匙的，就是中国教育。那段时期，可以说除了一些遗老遗少，中国几乎全体官民都行动了起来，用教育来推动这两项重大的文化变革。

打倒孔家店，意味着要做新时代的新人，不再啃四书五经，而是要学习科学，要讲民主。那个时期，中国就像青春期的少年一样亢奋——原来这个世界可以是这样的，原来还有科学，原来每个人对这个社会都有表达自己态度的权利，原来这、原来那，中国人几乎都在一片对“原来”的惊叹和恍然大悟中度过每一天。

打倒孔家店就意味着，读书不一定为了做官，“学而优则仕”也渐渐地失去了号召力。以前的穷人子弟，从小就有学会养活自己的意识，而在读书人打倒孔家店的思潮中，这一思想意识得以推广。读书并不一定为了做官，读书是为了服务社会。要改变农业的落后，就学桑农；要改变医学仅靠号脉和汤剂的局面，就要学西医；学机械；学造船；学铁路……中国社会千余年来千篇一律的“官僚、农民、手工业者、三姑六婆”的单一农耕社会结构变得丰富起来，就连打官司也不到衙门了，而是由专门的法院和律师来办理。社会形成了多层面，行行业业都需要人才，而这些人才，只有新学堂才能培养出来。

打倒孔家店和白话文运动，表面上看是两个运动，本质上是一个运动的两个方面，那就是中华民族要告别愚昧的昨天，走向现代化的明天。不打倒孔家店就不能推广白话文，就撼动不了靠四书五经支撑的官僚路径；没有白话文运动，人民得不到启蒙，不能轻松灵活地掌握语言工具，就没有足够的知识支撑打倒孔家店的勇气。这是一种良性的互动，谁也离不开谁。

要实现这些目的，就要启蒙；要启蒙，就要办现代意义上的学校——新学。其实，在洋务运动以后，中国新文化的雏形就已渐显了，只不过到了1919年，时机才完全成熟。就像一锅早就上屉的馒头，到了新文化运动时期，正好“蒸汽冲顶”，可以揭锅了！

胡适、陈独秀和陶行知，就是揭开锅盖的人。

陶行知和胡适，真是有趣的两位先贤。他们不仅是同乡，还是美国哥伦比亚大学的校友，两人虽然性格迥异，但人品都极佳。历史学家可能不同意我的观点——其实新文化运动逐渐演变为两个主要战场，由两位杰出的干将来统领：打倒孔家店，主要靠陶行知的生活教育的教育大改革来一步步实现；白话文运动，主要靠胡适等人的呐喊以正视听。

陶行知的新教育，非常仰赖白话文来普及，新教育的推广，也让白话文运动更加深入人心。

白话文运动和打倒孔家店，胡适、陈独秀和陶行知，为中国的平民教育现代化逢山开道、遇水搭桥，建立了不可磨灭的功勋。

平民教育的现代化改造，需要更多人的理解和响应，陶行知深知这一点，白话文就是他的有效武器。人有两样宝，双手和大脑。双手会做工，大脑会思考。用手又用脑，才能有创造。这是陶行知新教育的核心。他竭尽全力，把教育和读书区分开来，力图让中国人明白，教育不是摇头晃脑地背诵经典，更重要的是动手、用脑，学会本领，服务社会，改造现实。

20世纪20—40年代，识字的人不多。陶行知深知，要普及他的新教育理念，不教人识字不行，但在那个时候，识字是十分奢侈的训练，所以他提出了“生活即教育”的理念，争取让广大平民百姓在平常的劳作和生活中学会识字，然后再学各种生存的本领。这个顺序，在那个时代是正确的。

陶行知的努力产生了很好的效果，他的生活教育在码头、田野、工厂车间受到了极大的欢迎。因为受教育者都是社会最底层的人，没有条件挑三拣四，那些光着脚的孩子只要有口饭吃，都愿意跟着陶行知走。陶行知用生活教育的思想培养出来的学生，无论是在平凡的工作岗位上，还是身居要职，基本都奉行了陶行知“教人求真，学做真人”的价值观——做平民热爱工作，内心光亮；为高官谦虚谨慎，处处为民。

但是，时代发生了变化。现代社会，中国人识字已不成问题，许多孩子的父母都有了一定的经济基础。家庭条件改善了，中国教育新的问题也随之而来，而且，问题相当严重。

一对夫妇只生一个孩子的政策，碰上历来注重家庭血缘的中国传统，让很多家庭的教育走上了一条前所未有的歧途。这条歧途，堪称“天时地利人和”的副产品，更是中国教育没有彻底实现现代化而导致的一次恶性病变。沉渣泛起，几乎到了积重难返的地步。

“六一”家庭成了普遍现象，即，孩子的父母，加上父母双方的父母，六个大人围着一个孩子转，形成“六一”结构家庭。望子成龙的价值观和争做“人上人”的追求，促成六个大人集体行动，一切为确保孩子的考试成绩，一切为确保孩子考上名牌大学。绝大部分孩子唯一的生活就是刷题、提高考分，成了衣来伸手、饭来张口的人，到了孩子二十来岁，一事无成，只会在家玩网络游戏的时候，家长再后悔就来不及了。因为孩子在成长过程中除了不断地背书和做题外，并没有为如何在社会上生存受过任何教育和训练。一个完全不能自立的青年，让家庭失望还只是一方面，另一方面，社会上又多了一个包袱和累赘。大批啃老族形成了，他们蜗居在家，无所事事，坐吃山空，已经成为一种普遍的社会现象。

上述现状，是陶行知先生做梦也想不到的。国家太平了，经济发展了，人民识字了，**很多家庭的教育却偏离了正确方向，走到了严峻的时刻**。

血脉传承与望子成龙，是中国的文化传统，这种价值观一直被坚定地继承下来，做“人上人”是很多中国人的理想。但是，站在个人幸福和民族复兴的角度，这种价值观祸害无穷。

“人上人”的幸福观，是把自己的幸福建立在别人的痛苦之上，靠别人的悲惨来衬托自己的“风光”，这种观念是极其自私、不人道的。陶行知当时就到处呼吁，中国人应该把对“人上人”的追求，改为对“人中人”的期盼。“人中人”的幸福观，就是让一个幸福和另一个幸福产生共鸣，让幸福与幸福相互温暖——本质上，就是在意别人的存在。“人中人”的幸福，是人类社会一种永恒的幸福，是一种健康稳定的幸福。

学会自立，让自己的一生和别人的一生都能幸福，这在当前的社会环境下变得十分艰难，甚至导致社会发展都碰到了壁垒。要建立立体化的社会人力资源结构，要构建社会和谐，首先要解决教育问题，但解决教育问题，首先要解决教育的价值观问题，即教育思想问题。养活教育思想就是教育思想的一个重要的组成部分。

我们不能说养活教育思想是万能的，但我们可以说，**一个民族的教育如果没有养活教育作为根基，是万万不能的，也必将走向绝路。**

本书简明地阐述了养活教育思想的基本内容，配以若干个真实案例，以佐证养活教育思想对个人、家庭和社会产生的影响及重要意义。

书中的论述及实例，都力求让读者了解和达成一个共识：**养活自己，是一个人必须学会的本领；只有能养活自己，才能立足社会，然后才有自由；**有了自由，才有条件去追求“诗和远方”，才有闲情逸致去仰望星空。

思 想

一、父母首先要过养活教育观念关

生活中，我们经常听到关于孩子教育的这样那样的说法。例如，孩子还小，长大了他会懂的；孩子才两岁，话都说不全，现在就教这些他还听不懂；又不是以前了，孩子用不着学这些；要培养孩子读书的习惯，三岁就开始背唐诗宋词；要从小就学音乐，说不定是个神童呢；钢琴要学到十级，对将来考大学有帮助；练个跆拳道吧，将来可以防身……这些听上去没什么大错的说法，对某些孩子来说，可能就是“误入歧途”的开始。

研究表明，孩子在开始学走路、学说话的时候，就懂得接受教育了。因为学走路、学说话，本身就是一个接受教育的过程。

家长们可以做一个实验，在孩子开始学说话的时候，你就把实际的动作融入所教的语言中。比如教孩子“洗脚”这个词，你就打一盆温水来帮孩子洗脚。一段时间后，你一说“洗脚”二字，孩子就有了条件反射，知道马上要做的事情就是洗脚，并且主动要求洗脚。

条件反射，是连一些比较高级的动物都具备的能力，何况人类呢！

接着，你要教的无非就是让孩子自己搬来凳子，端来小脚盆，小心倒入温水，自己坐下，先脱鞋袜，再把脚放到盆里，用手仔细地洗脚。“洗脚”这么简短的语言，承载着一连串的动作，这就是劳动——生活自理的劳动。

孩子为什么要学说话？为了交流。孩子为什么要交流？为了生活。孩子为什么要生活？为了将来靠自己生活，在这个世界上立足，更好地活着。

如果父母和长辈愿意在教孩子说话的时候，尽量附带一些动作，把和生活劳动有关的词，争取“词词”对应“件件”事情都示范，你会发现，孩子这样带着动作学说话，比单纯学说话更容易学会。孩子的灵活性、敏锐性，都与单纯学说话的那种“愚钝”有本质的区别。这种承载着动作的语言学习，会让孩子更阳光、更聪明。

那么，现在有两个问题摆在父母长辈面前：一是，父母是否觉得有必要这样做；二是，父母是否有毅力这样做。

父母是否觉得有必要这样做？这个问题，看上去简单，实际却非常复杂。有些父母，在潜意识里有三个自我认知：一是，自己太聪明，教孩子做这样“普通”的事情小菜一碟，容易；二是，自己的孩子将来肯定特有出息，不需要学这些鸡零狗碎的“小事情”，多余；三是，教孩子做太麻烦，有那么多时间教孩子，还不如自己做，利索。

有这三个认知的父母，往往就掀开了孩子悲剧人生的序幕。孩子的第一任老师都是父母，孩子能拥有一个懂教育、懂身教言传并且严厉的母亲，是极其幸运的。因为如果孩子从所学的第一句话开始就接受着生活劳动的训练，这个孩子必将拥有极其充实的人生。

只要你是人类社会的一员，只要你计划将来要做父母，你就应该为孩子的一生开一个好头。就好比一艘准备启航的船不能偏离方向一样，父母作为船长和领航员，必须要预先学习如何做父母。

如何做父母？说简单很简单，说复杂也复杂。说简单，就是**教孩子做不会做的事，逼孩子做已经学会的事，并且要越做越好，精益求精**。说复杂，就是父母因为好高骛远，或因为生性懒惰，或因为没有毅力，在孩子该受教育的年龄段放弃教育孩子的机会，而这些教育，大部分都是养活教育。

有前述三个认知的父母，犯了一个巨大的错误，那就是漠视了一个真理：**智商是天生的，优秀是教出来的**。

什么叫优秀？答案见仁见智，我能回答的只有什么叫“不优秀”，什么叫悲哀。

例如有些喜欢车的人，总爱谈论车的发动机功率、轴的扭力、0—100公里加速时间、内饰的豪华程度、人工智能……而很少有人会谈四个轮子。

这四个常被忽视的轮子，其实是一辆汽车不可或缺的。没有这四个轮子，或者这四个轮子有问题，谈论汽车的其他都是徒劳，一辆趴在地上的车子就不是车子，最多是一间小房子或一个大箱子。

汽车的四个轮子，很像人生的早期教育，关乎人的一生。训练生活自理能力，为离开父母、独立生活做准备；具备较高的烹饪技术，生活质量一定不会太差；待人接物有分寸，能给人以信赖感；衣着打扮得体，可以树立良好的形象；有计划的克制的消费，使生活有条不紊；善于打理、布置环境，让人觉得高雅……这些能力，都是需要父母下功夫去教、去陪、去不断重复训练，孩子才能具备的。

衣食住行能力，是人生起步必备的。养活教育的衣食住行，是基本的生活能力，是一个人走上社会前的自我打理。通过努力奋斗，一个人可能会有别有洞天的衣食住行，但没有养活教育作为起步的衣食住行，就基本不可能拥有将来别有洞天的衣食住行。请记住，衣食住行贯穿人的一生，有了自力更生的衣食住行以后，你有空闲去体验“诗和远方”或“仰望星空”，是你的自由。衣食住行解决得越好，“诗和远方”和“仰望星空”就越有空间。

但现实中，人们往往只看到问题的表面，而从不去思考表面背后的实质。

比如，看到某个孩子读了哈佛，取得了成就，有些父母不会考虑这个孩子先天的智商，以及从小接受严格的养活教育所养成的勤劳本性这些综合因素，而是按照以下逻辑去“绕”：我家的孩子和他家的孩子没什么两样，差别就是他家孩子去美国留了学，而我家孩子遗憾地没去美国。这种自作聪明、自圆其说，导致类似的悲剧每天都在重复。很多家庭拼尽财力也把孩子送到美国，结果孩子因为从小没有受过严格的生活自理、起居安排、与人相处的养活教育训练，从来没有离开过父母，到了美国以后先是不适应，继而变得怨恨父母。父母既帮不上忙，又放不下心，不停地联系孩子，却事与愿违。而那些没受过养活教育的孩子，因为学习、生活处处不顺心，把一切的一切都归咎于父母对自己的“不负责任”，有的甚至连精神都出了问题。一些孩子就此堕落，花天酒地、挥金如土，还有一些孩子整日浑浑噩噩，无所事事。他们的共同点是，不断让父母给自己的卡里打钱，却连父母的信息都懒得回，“主动失联”的比比皆是。最后，万般无奈的父母只求孩子能老老实实地回国就谢天谢地了，落了个人财两空，后悔不已。

我不止一次帮中国的父母在美国寻找过“主动失联”的孩子。有一对在教育系统工作的家长，花了大力气把孩子送到美国读书，这孩子在美国待了三年，其中有两年和父母是失联的。后来，父母在大家的帮助下才找到孩子，苦口婆心，软硬兼施，孩子也总算平安回国了。他们感慨地说：新闻总是报道成功的孩子如何成功，其实，有多少失败的例子别人不知道啊！这些失败的例子，对大多数家庭更有借鉴意义。

养活教育思想，就是要提醒并倡议，遵循教育的基本规律办事。孩子要先学爬，再学走；先学走，再学奔跑。同样的道理，**要让孩子先学会生活自理，学会做家务，树立养活自己、靠自己立足社会的意识，然后才是学音乐，学网球，学跆拳道。**

顺序不能搞反，规律必须遵循。

如果父母自己先有了养活教育思想，并时时刻刻注意贯彻落实，就等于为孩子的人生定好了正确的航向。说得再通俗点，你已经为孩子准备好了一座金矿，就等孩子去挖了。

二、孩子养活教育的第一任老师是父母

仅有一个孩子的父母在第一次教育孩子失败后，失去了“从头再来”的机会，也忽视了育儿同样需要积累经验教训的规律。父母对孩子的教育，如果第一胎失败了，一般需要第二胎来弥补和修正。

现实生活中有种说法：老大呆，老二活，老三老四是星宿。这个说法很有意思，描述了一个育儿的规律：第一个孩子当神童养，望子成龙，早早学背唐诗、学文化，偏偏忽略了养活教育，孩子没能从动手干活中积累经验、增加灵感。老大与老二、老三之间的差异，除了与遗传有关以外，也与父母不断总结教育的经验教训、不断优化家庭教育方法有密切关系。

举个例子，有过装修经验的人应该都记得，自己第一次装修的时候是多么激动——有那么多自认为绝妙的想法，都想在自家房子上实施。等房子装修

完，才知道自己多么弄巧成拙，以至于发出这样的感慨：下次再装修房子，我绝对不会……

这种体会，和父母教育孩子的体会非常相似。

教育孩子的心得体会，多数无法从书本上学到，更何况，孩子的个体千差万别，没有一本书能把所有教育孩子的方法都包罗进去。可悲的是，拥有几千年文明的中国，除了《三字经》和《弟子规》这两本以讲道理为主的书籍外，真正具有操作指导价值的教育经典书籍不多。而且这两本书都是用便于少儿背诵的“三字句”文体来写作的，释义不够详细，孩子们虽然可以将内容朗诵（背诵）得摇头晃脑、滚瓜烂熟，但教育的效果，不是通过摇头晃脑的朗诵就能达到的。

教育，本质上是一种互动，是不断地示范—练习—纠正—再练习—启发—探讨—训练（干活）—总结—再总结—再修正，是在这样一系列的互动过程中完成的。如果《三字经》《弟子规》要作为教科书使用，从操作层面上讲，首先，要以教育者的立场写出“操作规程”和“训练细则”：父母怎么做，教师怎么做，社会怎么做，被教育者怎么做。其次，要站在被教育者立场上，说清楚对知识的接受、对事物的体验、习惯的养成、价值观的定型。教育，不是说和背，而是实施和行动。显然，《三字经》和《弟子规》都没能达到这样的要求。

“养不教，父之过。教不严，师之惰。”这样的文本概括性太强，没有具体操作的指导意义。“养不教，父之过”，怎么养？如何养？养里面如何包含教？教哪些？怎么教？训练规程有哪些？“父之过”？难道不是母之过？母亲起的作用可能更大吧？“教不严，师之惰”，严的标准是什么？该教哪些内容？哪些宜严？哪些宜点到为止？“师之惰”，老师的工作范畴是什么？哪些该做，哪些不该做？

《弟子规》因为是清代的著作，相对会实用一些，条文具体了不少。“父母教，须敬听，父母责，须顺承”，已经有场景感、有画面感了，但仍属于总结性的描述。“父母教，须敬听”，还是没解决教哪些、如何教的问题。同样，“父母责，须顺承”也没有涉及哪些事情该训斥、怎么训斥的问题。

有人说，在那个时代，能编成这样已经很不容易了。我承认，在那个时代是不容易，我也承认这两部经典的高屋建瓴，但我们的教育、我们的父母、我们的老师、我们的时代，需要精确的教育指导书籍，并且要和实践密切关联，需要通过这些书籍的指引和启发，通过实际的训练培养出“自立、自安、自强、靠自己立足于社会”，养活自己、服务社会的新人。显然，靠《三字经》《弟子规》这两本著作是无法达到这一目的的。

民国的语文教材，是按照现代教育的理念编写的，这是中国教育的一次大的飞跃。这个飞跃不是腾飞，而是“回归”，把中国教育从“云里来雾里去”的状态拉回到现实，使学生在文化学习中体验文字所承载的行动（动作）。

民国时期的语文、数学、地理课本，都是与生活，与一个人未来脚踏实地的生存相关联的。如，某个版本的语文教材收录了“职业”这一课，课文是：猫捕鼠，犬守门，人无职业，不如猫犬。短短14个字，道出了人生的责任，适己而利人，人不可无职业，不可游手好闲（以致将来啃老），也不可草率地选择职业，入错行。“犬捕鼠，多管闲事；猫看门，形同虚设。”世上职业万千，有需求就有职业；可世上好职业只有一种，那就是自己喜爱，又能赖以谋生的职业。

各司其职，各尽所能；按劳分配，多劳多得。这些宏大的道理和主义，似乎连猫犬都明白，本能地身体力行着。

那时候的课文里，隐藏的都是养活教育的理念，教你成长，教你价值观，教你将来必须要做、现在就应该去练的事情。

《小室中》：小室中，灯火明，母教女，取绒绳，学手工。

《竹几》：竹几上，有针、有线、有尺、有剪刀，我母亲，坐几前，取针穿线，为我缝衣。

《秋天》：天气冷了，树叶黄了，一片一片的，从树上落下来，弟弟跳来跳去，用手去接着，哥哥用扫帚去扫开。

《糊纸窗》：农家小儿，揩拭窗格。糊以白纸，涂以桐油。纸能透明，且不易碎。彼告我曰："我家无钱买玻璃，故以此代之。"

《赵至》：赵至之父，以耕为业。至年十三，父令就塾读书。一日，闻父叱牛声，掩面而泣。师问故。至曰："予年少，未能奉养，使老父不免劳苦，故自悲耳。"

寥寥数语，尽是白描，却把人生的道理、劳作的示范、生活的不易，都融入了语文学习。家庭教育与学校教育的价值、理念彼此融合，无缝对接。

中国教育目前这种被动的局面，是各种因素叠加造成的，如一胎制，如教育理念的定位，如学制的设置、教材的编写、高考的形式……中国教育当下的积弊太多，家长不满意，用人单位不满意，社会更不满意。

只有一个孩子的现实，给很多父母造成了教育子女的缺憾，这种缺憾其实可以通过一些方法来弥补，比如办“父母预备培训学校”。父母预备培训学校要有实质的内容，要能解决问题。遗憾的是，我们国家在推行一胎制的同时，并没有考虑同步设立父母预备培训学校，导致年轻人匆匆生完孩子，就以为孩子会自己长大成人，说起对孩子的教育，除了拼命鼓励孩子读书、考试外全是空白。

话又说回来，即使当时设立了很好的父母预备培训学校，我估计也不会有太好的效果。因为中国的教育一直不习惯以失败案例来评判教育效果，更何况，中国历来没有办理和运营父母预备学校的经验，开支、教员，父母是否有空，是否愿意来学习，都是问题。

怎么办？父母的觉醒，是解决问题的第一步。父母必须懂得，你们的孩子不可能终身依靠你们，迟早要独立，要自立。这样的现实，就要求父母必须在合适的年龄教会孩子养活自己的技能，切不可错过。让孩子尽早成为能独立打理、规划、安顿自己生活的人，让孩子热爱劳动，热爱生活，热爱生命，将来成为一个不给家庭和社会添麻烦的人，过上健康幸福的生活。

从孩子学说话的时候起，父母就要履行养活教育老师的职责，从孩子会走路的时候起，就教孩子做不会做的事情，“逼”孩子做已经学会的事情，不断改善和提升，熟练生巧，精益求精。

养活教育，父母是第一任老师。

三、没有养活教育人生就失去了根基

很多人把教育与读书、课堂授课、书面考试混为一谈。这个混淆，对孩子的成长非常有害；这种教育，有可能对一个人造成终身伤害。

人类的定义：最高等的动物，能掌握语言，会思考，具有使用工具的能力，有复杂的感情，有些思考还会升华，有发明创造，还有总结教训和推动文明的能力——总之，人类是目前统领地球的物种，是“动物之王”。

但是，无论多么聪明或高级，人类本质上还是动物。是动物就要生存，就要活在这个世界上。

活在这个世界上，有两方面的能力是不可或缺的，一是生活自理，二是有支撑生存的收入来源。这两者都是生存与立足的条件。

生活自理，说得再直白一点，就是一个人能做简单的饭菜，能独立出行，能打理个人卫生，有语言表达和情感交流能力……如果要求更高些，能把自己的衣食住行安排得更得体，待人接物有礼貌，有业余爱好，能规划旅行，能合理化生活开支，让自己过上更高品质的生活。

保证生活所需的经济来源，是养活教育的另一个重要部分。财富不会从天而降，要靠双手和头脑去创造。当然，富二代有大笔财产可以继承，不需要工作就能生活，这类人不在我所讨论的范围内——但他们的长辈，也是从养活教育中走出来的，否则何以有这么多合法的财产？

所以我们说，养活教育是人生的根基。如果把人比作一棵大树，养活教育就是树的根部，水和养分的吸收全靠根系维持，没有根的树必定是棵死树，所谓无本之木就是这个意思。

有不少父母整日为自己的孩子操心，但许多操心都偏了，起到了反作用，给孩子的成长造成了伤害。

孩子从出生之日起一刻不停地成长，这个成长包括很多方面，有生理上的成长，有心智上的成长，还有行为习惯的成长。我前面说过，人首先是动物，其次才是人，这是非常重要的道理，其本质是什么呢？那就是人之为人的技能，都需要后天教育才能学会。

一个孩子，如果他不学走路，他永远只会爬行；如果不教他说话，他只会乱叫，不懂得使用语言工具。动物也一样，从小被关在笼子里的猫，是不怎么会抓老鼠的，动物园里长大的虎、狼，也基本不具备猎食能力。所以，随着孩子生理上的成长，心智、行为以及适应社会的能力都需要同步培育。

教孩子走路，所有父母都没有异议，因为过程也不复杂，还有养宠物般的乐趣。教孩子说话也是，父母、长辈都乐意，都乐此不疲。但是，教孩子扫地，教孩子做饭，教孩子洗衣，教孩子第一次购物，教孩子第一次独立出行，教孩子如何计划开支，如何面对各种困难，等等，这些人类所必须掌握的技能，许多父母不一定重视，有的甚至不耐烦甚至不屑。

中国长期受儒家文化的影响，“万般皆下品，唯有读书高”始终是社会主流价值观，于是父母就错误地以为，只要孩子把书念好，将来能考上名牌大学，做“人上人”，一切问题就解决了。

那么，父母是否考虑过，当你的孩子35岁左右时，你们应该是60岁左右的年龄，如果这个孩子生活还不能自理，无法赚钱养活自己，而此时作为父母的你们已经到了退休年龄，人生开始走下坡路了，你们还有能力帮助孩子吗？

这种悲剧，就是缺乏养活教育，导致人生变成无本之木的遗恨。一个人没有了“树根”，或者“树根”的功能始终被父母代替着，这些人一旦失去父母，失去“树根”，生命就会枯竭。

养活教育是人生的根基，这是铁一般的规律。谁违背，谁就会受到应得的惩罚。

四、养活教育是其他教育的基础

现代社会的人接受学校教育是毋庸置疑的，但问题在于，人们普遍没有把“作为动物的人”与“作为人的动物”这两个概念搞清楚。这两个概念如果不搞清楚，会对孩子的成长造成终身伤害。

两者的教育方式，既截然不同，相互之间又有紧密的联系。

首先，要把孩子“作为动物的人”的教育做好。这个教育与孩子的生理成长密切相关，过了相应的年龄，就很难施教，是没办法过几年再说或是今后再弥补的。

人从出生之日起，本质上和动物没有区别，这时人就是一种“作为动物的人”。动物的繁衍、成长过程基本雷同。20世纪80年代，有一部日本纪录片《狐狸的故事》曾经风靡一时，其中有一个场景令人难以忘怀：小狐狸渐渐长大，有了独立生存的能力，但是不愿意离开狐狸爸爸，被爸爸呵护已经成了小狐狸的一种生活习惯。这时，惊人的一幕发生了，狐狸爸爸不断地撕咬自己的孩子，不停发出威胁的声音，迫使小狐狸离开。从狐狸爸爸的眼神里，你能看到一种不舍，更看到一种决绝。经过几次尝试，小狐狸确认爸爸真的已经绝情，就毅然离去，独闯江湖了。

再来看看母鹰是如何教子的。当雏鹰成长到一定阶段时，母鹰在给雏鹰喂食前会不断地引导雏鹰拍翅学飞一段距离，才有东西吃。母鹰有时还会把雏鹰背到高处，故意让它坠下，迫使它努力拍翼求生，哪怕雏鹰因此受伤，回巢休养一阵后，又会带着伤反复训练。经过母鹰一次又一次耐心而残酷的训练，雏鹰的双翅一次比一次有力，攀飞的能力一次比一次提高，最终成为自由飞翔的成鹰。

母鹰难道没有母爱吗？当然有！母鹰的爱，是一种让雏鹰终身受益的爱。下面这个场景，就能看出母鹰的爱既深刻又务实。

母鹰要训练雏鹰飞翔，雏鹰却赖在安乐窝里不肯出来，于是母鹰搅动巢窝。雏鹰猝不及防地掉了出去，本能地在空中奋力扑打双翼，虽然羽翼渐丰，却因疏于锻炼而无力飞翔。就在雏鹰即将落地的一瞬间，母鹰展开双翅飞过去，在最后一刻及时接住了雏鹰。

母鹰并不会因自己还有能力养活孩子就让雏鹰藏在窝里，相反，它要训练雏鹰自己飞翔、自己觅食，为必然到来的分离做准备。这是一种理智的爱，是动物的养活教育。

我们再看母虎是怎样抚养幼虎的。起先，母虎捕食回来，会把最嫩的肉撕碎，喂给幼虎。后来，母虎自己先把肉吃掉，把剩下的骨头扔给幼虎啃。再后来，母虎先把肉吃了，再把骨头扔了，幼虎嗷嗷叫着要吃的，母虎对着它大吼一声，让它饿肚子。几天后，幼虎饿得实在受不了，就会离开母亲，从此独立生活。

这就是动物的本能。动物之所以能在残酷的自然环境中生存、繁衍，就是因为它们永远不丢掉养活教育。难道"作为动物的人"，和狐狸、雄鹰、老虎有本质区别吗？难道人类的孩子，无论生理上怎样成长，都能永远做一个生活不能自理的婴儿吗？

答案显然是否定的。

人从生下来那一刻起，生理的成长就必然伴随着行动能力和心智的成长，一般到13—15岁时基本定型。如果在这个年龄段前没有完成养活教育，结果是相当可悲的，也是事后无法补救的。

说完“作为动物的人”，再说说“作为人的动物”。

针对“作为人的动物”，养活教育又有什么不同吗？有，内容更丰富，也更复杂一些。

前面说过，人类是统领地球的物种，是动物之王，所以人类的养活教育和动物有所不同，有心智、情感、智慧的培养和交融。我创作的养活教育歌曲《养活自己是人物》，歌词是这样写的：

从小手脚就爱动，跟着大人找事做。烧饭洗碗叠衣被，做菜手艺也不错。我的双手更灵巧，跟着大人练干活。栽树种菜学饲养，丰收让我真快乐。

养活自己助别人，共同成长最幸福。手动心随脑思考，双手能干是基础。

手巧脑灵趁早练，少小不练人生误。人人都从少到老，不能自理要吃苦。动物尚且自养活，何况我们是人物。手巧带动脑思考，体勤之人信心足。

养活自己助别人，共同成长最幸福。手动心随脑思考，双手能干是基础。

人类的显著特征包括深邃的思考、丰富的情感和无穷的想象，还有对各类知识的掌握。这些，都可以结合“作为人的动物”的养活教育来进行。

“作为人的动物”的养活教育，就是我们常说的“教养”的形成。什么是教养呢？就是一个人行为方式中表现出来的道德修养状况，它是家庭教育、社会影响、学校教育和个人修养的综合体现，其中又以家庭教育所养成的道德行为水准最为重要，是“遵守规矩，在意他人”的他律教化的显现。

礼貌，是言行谦虚恭敬的表现。而教养，一般指不仅有礼貌，而且具有文化和品德的修养。礼貌和教养不完全是一回事，礼貌是教养的表现形式之一。懂礼貌的人不一定具备很好的教养，而有教养的人，通常都懂得遵守他所在环境中的礼节和礼貌。

礼貌是外在的，是可以训练的，甚至可以假装的。一个人有礼貌、讨人喜欢，但他内在可能是自私的、虚伪的。而教养是发自内心的，是由环境、教育、经历等综合形成的内在素质。而当我们说一个人有教养时，不仅是对他的外在行为，而且是对他的内涵、道德和品质的肯定。礼貌坚持得久了，也可能演变成发自内心的行为，转变为教养。由此看来，礼貌是教养的表现之一，也是教养的基础。

教养的形成，和养活教育密切相关。

智商是天生的，优秀是教出来的。怎么才能成为一个优秀的人呢？首先是有教养，其次是有知识、有能力，能解决人生的各种问题。

教养的基础是什么呢？一个饭来张口、衣来伸手，只会动嘴、不会动手的人绝不可能有教养。教养的基础是家庭、学校与社会对孩子进行养活教育，我们可以把它简称为“养教”。

养教是教养的基础。一个孩子的教养，可以通过养活教育的程度来体现。他对事物的理解、他处理问题的能力，都体现在养活教育上。

没有养活教育，就不可能有教养。过去和现在的事实都已经证明，将来的事实还将继续证明，**养活教育是一切教育的基础**。

在后面的章节中，我们还会陆续论述养活教育作为其他教育基础的重要作用。

五、受过养活教育的孩子有明显的优势

对于教育，世界各国各有策略和传统，风格迥异，甚至各有流派。但事实证明，任何教育都不能否认一个事实：养活教育成功的孩子，活学活用的能力比没有受过养活教育的孩子要好得多。

道理很简单，因为智慧是在解决问题的过程中被激发、提高的，连动物都不例外。

瓶子里装着半瓶水，乌鸦想喝。它会先围着瓶子转，试着用喙去吸，却够不着。它渴得受不了，继续转悠，继续思考。它有了一个猜想，衔来石子往瓶子里丢，水位果然升高了，乌鸦喝到了水。

生存欲激发思考，由思考带来解决问题的方法，再由方法付诸实践，这是一个完整的逻辑链条，这个链条的起点是乌鸦要生存。生存，就是养活教育的核心。觅食是动物生存的前提，否则只有死路一条。

动物为了生存，令人惊奇的行为有很多。美洲农蚁能栽培一种禾本科植物，收获后运回巢中储藏，被称为“蚁米”。马达加斯加岛的指猴，能听到虫子在树皮里爬动的声音，听到声音就把树皮啃下来，用手指把虫子钩出来吃掉。印度、东南亚和澳大利亚有一种射水鱼，发现猎物时，它会嘴里吸满水，斜竖起身体，嘴尖露出水面对准目标，把嘴里的水喷射出去，将虫子击落到水里吃掉。

面对各种环境的挑战，动物的觅食行为通常符合“最适觅食理论”，即以最小投资、最大收益为目标来觅食，或改进觅食的方法。涉及吃什么、到哪里吃、怎么到那里去吃，以及食物的搜寻、捕捉、加工和贮藏等一系列问题，充满实践的智慧。

生存，是养活教育内容的核心，生存的表现形式就是行动，也就是实践。实践中的智慧，就是养活教育的收获。

有人说，这个世界是懒人创造的，正是因为人懒，才想办法发明了各种工具和机器。说这种话的人，是不了解发明创造的过程。稍微了解一点科技史的人都知道，绝大多数发明创造，都是历尽了常人无法想象的艰辛才成功的。电灯、电话、照相机、计算机，从发明再到一代代的改进，无不充斥着辛劳与汗水。

为什么发明创造都要历经无数次失败才能成功？这无数次失败的内容是什么？答案很简单："这样做不行，得想办法试试新的思路……"如此循环往复。优秀的发明者，即便眼前的问题解决了，还会继续冥思苦想：有没有更好的办法？直到产生新的想法，再付诸实践检验。这里面充满从行动到思考，再从思考到总结、改善的过程。

下面这个故事，很能说明问题。

哥本哈根大学出了一道物理试题：如何用一个气压计测量摩天大楼的高度？一个学生给出的答案是：把一根绳子系在气压计上，将气压计从大楼的天台放到地面。绳子的长度加上气压计的长度就是大楼的高度。这个答案让教授非常恼火，判定这个学生不及格。学生不服，于是学校派了一个独立仲裁员来处理这件事情。

仲裁员裁定学生的答案是正确的，但是没有用到物理学知识，要求这个学生在6分钟内给出一个利用了物理学知识的答案。开始的5分钟，学生低头沉思。仲裁员提醒他时间快到了，他却表示自己已经有了好几个答案，只是没想好到底用哪个。再次催促之后，他开口了。

第一，可以将气压计从房顶上扔下去，计算气压计到达地面的时间，用自由落体公式计算出大楼的高度；第二，如果天气晴朗，先测量气压计的长度，再测量它直立时影子的长度，然后测量大楼的影子的长度，最后通过比例计算出大楼的高度；第三，在气压计的一端系上一小段绳子，分别在地面和房顶上做单摆运动，通过一系列计算得到大楼的高度；第四，用气压计分别测量地面和房顶的气压，通过气压差算出大楼的高度——这些，显然都是物理老师希望得到的答案。第五，最好的办法是直接去找大楼的看门人，对他说："告诉我这座大楼有多高，我就把这个气压计送给你。"这个给出一连串奇思妙想的学生，叫玻尔。玻尔就是一个手脚不停做事，近乎多动症的人。不断的行动造就了开放性的思维，使玻尔在科学研究中不断创新，不仅自己获得诺贝尔奖，还培养了众多获得诺贝尔奖的弟子和徒孙。

在这里特别值得一提的是：玻尔从童年时代起，就是一个喜欢做事的孩子。为了培养玻尔的动手能力，父亲为他购置了车床和工具。心灵手巧的玻尔很快就熟练地掌握了手工技能，敢修一切损坏的东西，家里的钟表或自行车坏了，都是玻尔自己动手修理。

我国科学家屠呦呦，带领团队应用乙醚通过低温萃取获得青蒿素，对疟疾的治疗发挥了重大作用。选择低沸点的乙醚作为有机溶剂，是青蒿素实验成功的先决条件。在此之前，屠呦呦团队历经380多次失败。如果没有具体的行动，没有利用现代医学方法进行分析研究，不断重复、改进提取方法，不可能有青蒿素提取实验的成功。

养活教育，就是培养从思考到行动，从行动到总结、改进的习惯。

孩子对事物、对问题的理解有一定的局限性，所以从直观的、容易理解的事情入手教育孩子，就能让养活教育贯彻始终。教孩子学说话的时候，争取对每一个新词都导入相应的动作，不仅是在培养孩子的生活自理能力，更是为孩子将来走向社会、独当一面做准备。

教孩子“扫地”，就让他亲自扫地；教孩子“做饭”，就带着他一起做饭。再要教“扫地要扫得更干净”“做饭要做得更好吃”，那就要开动脑筋，启迪思路，改进方法，实践检验，总结得失……养活教育的精髓，全在里面了。

六、推行养活教育首先要教育父母

一个人从出生起直到少年时期，并不具备主宰自己的能力。从开始学说话、学走路起，父母的价值观就开始向孩子潜移默化地灌输。所以，孩子的“前养活教育时期”是父母的写照，**孩子有什么样的父母，就有什么样的童年**。

养活教育首先要教育父母。如果父母不能成为养活教育价值观的拥护者、教练、陪练和裁判，给孩子落实养活教育就是一句空话。

由于家庭结构、社会影响等众多原因，大部分父母自身缺乏养活教育的理念，这是一个普遍现象。

要推行养活教育思想，我们就要面对现实，对没有养活教育理念或理念淡漠的父母，不能放弃，而是要进行养活教育的解释、宣讲和导入。我们不求每一位父母都受过合格的养活教育，但起码要让这些父母做到对养活教育发自内心的认同和拥护，配合做好孩子的养活教育。

我们的教育，因为缺少“在意别人的存在”的价值观教育（也是养活教育的一部分），导致很多人缺乏听人讲解或劝告的耐心，以至于对新的知识还没了解就先排斥。

养活教育，表面上看没有太大学问，因为养活教育都是从教孩子日常的衣食住行、待人接物开始做起的，许多家长觉得没太大意义，有的甚至说，走路、说话、吃饭，自己都能学会的，还用教？

为了把养活教育的重要性解释清楚，我们不得不回过头来先谈谈人生。

每个人长大都会走路说话，所以没人重视孩子学走路、学说话之类的问题——以前，大户人家是要训练孩子走路的，即所谓坐有坐相，站有站相，说话有礼貌——每一个中国孩子，长大后基本都会用筷子，也就没人注意孩子拿筷子的基本训练。但是，假使一个孩子是在森林里和野兽一起长大的，那么他只会爬，不会走，更不会说话、穿衣、拿筷子。养活教育的重要任务之一，就是把作为人的动物，训练成不同于一般的动物。

养活教育除了要教孩子人的行为以外，还要教育孩子粮食、蔬菜是怎么来的，牲畜是怎样养殖的，棉布、纸张是怎么制作的，食材是怎么准备、怎么烹饪的，衣食住行要怎样自理……这些日常知识，来自孩子从睁开眼睛、开口说话起，与家人、社会的交流互动。在这个潜移默化的过程中，大人一个不经意的动作，都有可能被孩子效仿。你用手擦鼻涕，孩子就会用手擦鼻涕；你明明在苏州，却在电话里告诉电话那头你在南京，你的孩子将来也会学你撒谎；你从来不刷牙，孩子也不会主动刷牙……

养活教育说起来简单，却要时时刻刻注意每一个细节，关系的都是与孩子一辈子息息相关的技巧和能力。所以，你说孩子是应该先进行养活教育呢，还是先去练钢琴、绘画、跆拳道呢？

很多人都知道马斯洛需求层次理论。

马斯洛从较低层次到较高层次，把人的需求分成生理需求、安全需求、社交需求、尊重需求和自我实现需求五类。从企业如何让消费者满意的角度看，每一个需求层次上的消费者对产品的要求都不一样，根据五个需求层次，可以划分出五个消费者市场：

1. 生理需求→满足最低需求层次的市场，消费者只要求产品具有一般功能即可。

2. 安全需求→满足对“安全”有要求的市场，消费者关注产品对身体的影响。

3. 社交需求→满足对“交际”有要求的市场，消费者关注产品是否有助于提高自己的交际形象。

4. 尊重需求→满足对产品有与众不同要求的市场，消费者关注产品的象征意义。

5. 自我实现→满足对产品有自己判断标准的市场，消费者拥有自己固定的品牌。

需求层次越高，消费者就越不容易被满足。

马斯洛需求层次理论，对教育方案的制定同样有重要的指导意义。教育的规律不能违背，家庭在教育孩子时，首先要解决的是生理需求和安全需求。而一个人的生理需求和安全需求，必定要在养活教育里实现。

马斯洛没说明白的是，往往越低层次的需求，越是不可或缺。空气、阳光和水，我们一刻也不能缺少，无论空气、阳光和水是多么容易得到，多么“低层次”。

事物层次的高低，与重要性之间也没有必然的对应关系。空气、阳光、水，走、看、听、说，表面上都是低层次的，其实却极为重要。珠宝首饰之类的奢侈品，乐器演奏、绘画、电脑编程、飞行器的操作、芯片的设计，这些“高层次”的事物，反倒不是每个人的必需。设想一下，一个人没有了空气、阳光和水必然无法生存，但没有珠宝首饰之类的奢侈品，基本生活是毫无问题的。

但人们却长期忽略这一基本事实，追求高层次，忽视甚至无视低层次。

教育，一旦到了这种地步，问题就十分严重了，会令人们自食其果。

养活教育，就是首先解决生理需求和安全需求，也就是自理、自立和生存。在完成这个教育的过程中，包含诸多细节的训练，也会给大脑带来许多灵感和启迪。如果没有养活教育，一个人的生理需求和安全需求没法保障，人生根本无法启航。

有养活教育在先，人生就做好了起步的准备，打好了在任何情况下都能立足于社会的基础。有空闲时间，再学学音乐、书法、绘画也未尝不可，但如果没有养活教育，学任何才艺都是本末倒置。

说到本末倒置，你知道孩子学钢琴要花多少时间吗？一个孩子，从开始学琴到考下十级，起码要花费1600—2000小时。按照每天练1.5小时计，需要2.9—3.7年。如果不是每天练，起码7—10年。如果孩子将来成了钢琴家，能以此立足于社会，那还算不坏。可如果将来不是靠钢琴吃饭，就非常划不来了。

如果把这2000个小时用在养活教育上，这个孩子能学会各类家务，能烹饪出无数佳肴，能做各类维修和DIY，如果还能有个木工或女红基础，就更是锦上添花。受过这样训练的孩子，为人处世、待人接物、生活安排都会出类拔萃，踏上社会后自力更生绝对不成问题。

有人说，人总该有点追求吧？那请问，你的追求是什么？几乎所有人都会说：幸福！

你是不是一方面盼望孩子幸福，一方面又盼望孩子像梵高、贝多芬那么“出息”？那么我要说，你对梵高和贝多芬的“出息”可能有所误解。

梵高，1853年出生于荷兰乡村一个新教牧师家庭，由于父母的关系，从小没受过养活教育。与保罗·高更的合作失败后，梵高穷困潦倒，此后疯病时常发作，只有偶尔神志清醒时才能作画。1890年7月，他在精神错乱中开枪自杀，年仅37岁。就幸福而言，梵高的一生就是个悲剧，连幸福的门都没摸到过。

贝多芬，1770年出生于德国波恩，父亲立志要把他培养成莫扎特式的神童。贝多芬4岁开始就被逼着学钢琴、小提琴，虽然后来真的成了伟大的音乐家，但他脾气极为暴躁，几乎无法与人相处。归根结底，是因为他从小没受过养活教育造成的。

你肯定不希望家里出一个“梵高”“贝多芬”吧？是的，你肯定会说，我宁愿孩子当个幸福的普通人，也不要当疯子一样的天才……其实要我说，你的孩子如果是天才，就像水里的皮球一样，你是按不住他的。至于网上流传的，虎妈培养少年天才的故事，让我们交给时间来验证吧，看这些被虎妈们强迫出来的天才将来能有多大的成就，到底能不能获得幸福。

当下，我们身边有无数因为没受过养活教育而在坑爹、啃老甚至犯罪的人。**我提倡：祸从望子成龙出，福自盼儿平安来**。父母能树立这样的价值观，基本就是认识到养活教育的重要性了。

七、对母爱要保持警惕甚至适当批判

全世界都在歌颂母爱，理由也千篇一律——母爱是最无私的。再加上各类文艺作品不断地强化这一印象，社会上几乎听不见怀疑的声音，更容不得有任何非议。

母爱真的那么伟大吗，真的纯洁得毫无瑕疵吗？

事实上，**母爱是营养品，也是危险品**。适度的母爱，给下一代带来的是温暖；过度的母爱，则会毁掉孩子的前程。正所谓“水能载舟，亦能覆舟”。

母爱不是人类的专利，而是动物的本能，是所有动物繁衍时的一种自觉。没有这种自觉，物种不可能延续。人类也是动物的一员，加上人类有语言，还有艺术气质，就给本能的母爱平添了许多附加的情感。

母爱是本能与自私的复合行为，不应无休止地颂扬。如果母爱真是世上最无私的爱，那为什么母亲不去爱别人的孩子？广义上讲，无论谁的孩子都是下一代，但大多数母亲只爱自己的孩子，因为她把孩子视为自己私有的。

所以，母爱至多是对自己的孩子的无私的爱，这个定义域不能少。

动物的母爱，因为没有语言工具和文艺手段，通常能按部就班，照着自然规律推进，到了孩子该独立的时候，母爱就戛然而止，往后母子相遇，形同路人。这是正常的自然规律，也是物种优化的内在动力。

可悲的是，人类却任凭母爱泛滥，连孩子们的身份都变得复杂起来：既是母亲的孩子，又是母亲的面子；既是自己家的成员，又是与别人家比赛的运动员；既是母亲未实现的梦想的映照，又是实现这一愿望的主体……一切都为了“比别人家的孩子有出息”而奋斗，沿着“学而优则仕”的道路狂奔。

从孩子出生那天起，母爱往往就开始了不断异化的过程。这个异化，就是让孩子成为家庭的“面子”的过程，就是致力于实现“我生的孩子就是比你生的强”的过程，在中国，就自然地演变成“为孩子读书保障一切”的过程。这个过程，不断地被塞进母亲的“私货”，母亲和孩子之间，成了一个愿打一个愿挨的局面——总之，一切都用“母爱是无私的”来解释就好了！

这种解释，表面上天衣无缝，本质上荒唐至极。

有太多的孩子，被母爱推到了“不能输在起跑线”上。不用洗衣做饭，不用在意别人，不用照顾家人，反正有“无私的母爱”承揽一切！孩子因为没受过养活教育，为今后的人生埋下了巨大隐患。本来，马就是马，骡子就是骡子，但在过度的母爱的浇灌下，本来是马的孩子可能会长成骡子或驴。

我们应该对母爱进行必要的批判，防止母亲们在错误的道路上走得太远，让孩子该断奶的时候断奶，该行走的时候行走，该跌倒的时候跌倒，该痛苦的时候痛苦，该高歌的时候高歌，该哀号的时候哀号，该饱食的时候饱食，该挨饿的时候挨饿，该干活的时候干活，该休息的时候休息……尽快融入社会，尽快成为独立的人。

我还要特别指出一点——**尽早接受孩子的平庸，是一种真诚的母爱。**

教育孩子将来做一个平凡的人，说平民的话，做平民的事，过平民的生活，由此带给孩子的尊严和解脱，是实实在在的关怀，是真正的母爱。

如何科学地规范母爱？最好的办法还是养活教育。

八、学做家务是养活教育的开端

素质教育这个概念，刚提出的时候令人耳目一新，但制定出来的方案，因包含了太多的说教和无法落实的细节，尽管愿望很好，事实上并没有产生什么效果。结果是，人人都谈素质教育，人人又都说不清楚素质教育是什么，成了老生常谈，现在几乎沦为笑话了。

素质教育的“素质”，本质是人的综合素质，这是一件说起来简单，做起来复杂，有时候还摸不着边际的事情。

实践是检验真理的唯一标准，实践也是一个人感知人生，检验、积累、修正智慧的必经过程。在这里，“实践”这个词略显书面化了，应该用“行动”“做事干活”这样的词，才能深入儿童与少年的心灵。

陶行知始终坚持：行是知之始，知是行之成。

“行是知之始”，行动、做事干活（实践）是获取认知的必经之路；“知是行之成”，只有做事干活以后，才能检验想法的正确与否，积累和修正认知。从行动中得到的知识，才是真正有效的知识。

没有行动的素质是空谈的素质，所有的素质都必须通过行动表现出来。素质教育就像厨艺展示、艺术体操、乐器演奏一样，最后都要用别人看得见、听得着的形式表现出来。训练是素质教育最重要的环节，离开了训练（实践），素质教育是无法落实的。

要提倡“知从行来”——这里的“知”不仅是知识，还有经验、教训——一切的一切都是从行动中来，这就还原了知识的本质，这一点在素质教育上特别重要。衣食住行、待人接物、倒茶递水、扶老携幼、浆洗做饭……都是素质最基本的表现，而这些，不通过一点一滴的训练，怎么能学会呢？一个人连这些都不会，怎么能有基本的素质呢？

那么，我们要在哪里、用什么方式，来训练素质呢？其实，**每一个家庭，都有孩子接受素质教育的场所和老师，那就是家和家长，具体的行动就是做家务。**

做家务是养活教育的重要部分，家务训练做好了，养活教育的大门就打开了。我说过，教育是施教者凭着坚强的意志，对被教育者不厌其烦地示范和纠正，让被教者打折扣接受的过程。养活教育更是如此，非常仰赖家长的认识和毅力。

家务训练在养活教育里占有很大的分量。厨房、客厅、卧室、卫生间，都是孩子进行家务教育的教室，家里的每一个大人，都是孩子的老师、同学、教练、陪练员和裁判。

就从扫一次地，倒一杯水，炒一盘西红柿炒鸡蛋开始吧。

有些家长童年时条件不足，没能学习钢琴、网球、跆拳道、绘画，就把自己的梦想寄托在孩子的身上，这是非常愚蠢，也是非常可怕的。钢琴、网球、跆拳道、绘画，都是业余爱好，即使孩子将来在这方面有所成就，也是天赋外加偶然的机会才能成就的。

做家务则不同，它是每个人立足社会的基本技能，是一种综合素质的训练。做家务不仅训练动手能力，还可以培养解决问题的智慧，提升孩子的情商，增加孩子的自信。孩子每洗一件衣服，每做一道菜，每栽一棵树，其中的过程都是有颜色、有温度甚至有生命的。

而且，用做家务来训练孩子的综合素质，投入产出比最大。大家可以算一笔账，比如说钢琴，从一级到十级所花的时间，可以学多少家务劳动？有的家长钻牛角尖，逼着孩子参加比赛，从学校第一，到区里第一，再到市里第一；从全市前100名，到全市前10名，再到前3名，最后到第1名，几乎花掉了孩子所有的业余时间。可怕的是，所有的业余时间只做了一件事情——能够走钢琴的专业道路也就罢了，但通常情况下，都只是满足了家长、亲朋的虚荣心，孩子则除了钢琴以外啥也没学会。

而如果拿来学做家务，这些时间是多么的富足！3岁可以学洗袜子、内衣，4岁就可以学炒菜。当一个4岁的孩子，把一盘自己炒的西红柿炒蛋端上桌，看到大人赞许的目光，孩子的自信心、自豪感简直会爆棚。

洗袜子和西红柿炒蛋，通常是孩子养活教育的入门课程，两三岁就可以实施。随着孩子年龄的增长，可以不断增加家务劳动的复杂程度。从洗袜子到洗毛衣、洗衬衫、洗羽绒服；从西红柿炒蛋到榨菜肉丝汤、荷包蛋、烧带鱼、白灼虾，再到各种清蒸菜品。在这个过程中，孩子会遇到很多困难，手被刀割了，被热油烫着了……**这些小挫折，能帮他们将来应对更大的挫折**。

家务训练做好了，孩子的养活教育的大门就打开了。

实践出真知。陆游说："纸上得来终觉浅，绝知此事要躬行。"从书本上了解的是表面的知识，只有亲自去做、去实践，才能有深刻的体会。

歌德说："一个人怎样才能认识自己呢？绝不是通过思考，而是通过实践。"

王阳明说："知者行之始，行者知之成：圣学只一个功夫，知行不可分作两事。"知是行的先导，行是知的体现；知是行的开端，行又是知的完成。知中有行，行中有知，二者互为表里，不可分离。

陶行知说："行动是老子，知识是儿子，创造是孙子。"

爱因斯坦说："消息并不是知识，知识的唯一源泉是实践。知识来源于实践。你可以讨论一项工作，但是讨论只能给予你哲学上的理解；你必须参与这项工作，才能有所了解。教训是什么？从实践中获得经验。别把你的时间花在推测性的信息上面，走出去，开始动手吧，你将获得无价的知识。”

居里夫人永远围绕着五类事情——园艺、烹饪、缝纫、雕塑和体育运动教育自己的孩子，要求孩子们的四肢不断地接受锻炼。她的大女儿伊雷娜于1935年荣获诺贝尔化学奖，小女儿艾芙成为杰出的音乐教育家和传记作家。

这么多中外先贤都一致强调实践是知识的源泉，我们对自己孩子的培养，是否也该重视一下实践？是否该让孩子从小养成勤动手、勤训练的习惯？连居里夫人都要求自己的女儿学会种菜、烹饪，我们难道要假装视而不见吗？

现行对素质教育的定义，没有一项和养活教育有关。我们要指出，学习做家务表面上是学着打理琐碎的事情，实际上是培养孩子手勤脑活、感知生活的不易、体验父母的艰辛，这是一个让心理、灵魂和智慧成长的综合过程。

家务活看起来简单，其实包含着非常繁杂、琐碎的细节，有的彼此关联，有的毫不相干。这里面不仅有做事的规则、技巧、熟练度，还有对人生艰辛的提前体验。一个孩子从会走路开始就接受家务训练，将来就会是一个遇事不慌、处理事情有条理、有组织才能、敢于面对困难的人，当然，情商也比别的孩子高。从小受家务训练的孩子，是十分幸运的。

培养综合素质，是一件说起来简单做起来难的事情。人们对定量测试的敏感性，比对定性测试的敏感性强得多（考试通常就是定量测试），而养活教育的成果是很难定量的。

需要指出的是，**孩子的养活教育是有年龄限制的**。具体分为1—3岁、4—6岁、7—10岁、11—14岁四个阶段。过了14岁，养活教育就会事倍功半，甚至再也无法实施。养活教育要从小训练，这不是一个主观愿望，而是对生命规律的科学认识。你很难想象，一个20岁才开始学说普通话的湖南人，说话能不带口音，这就是生理成长必须与训练同步的明证。

从现在起，下决心把厨房、客厅、卧室、卫生间，都当成孩子接受家务训练的教室。家里每一个大人，都来当孩子的老师、同学、教练、陪练员、裁判。只需一周时间，你就能看到孩子身上发生的变化。

本章的最后，再强调一点：**在对孩子进行养活教育之前，全家务必先统一思想。**千万不能当着孩子的面，发生对家务训练是否必要的争论。

九、尽早体验生活的艰辛和挫折是试穿人生的防弹衣

人的一生不可能一帆风顺，总有遇到困难的时候。如果凡事心想事成，人生也就平淡、无聊甚至乏味了。

遇到困难是难免的，有的人天生好强，但须知强中自有强中手，哪能保证时时、事事都胜过别人呢？因此，故意设置一些坎坷和不伤及筋骨的挫折，是养活教育的必修课。

孟母三迁的故事大家都知道。这个故事理解得到位，可以对养活教育起到促进作用；理解错了，反而对养活教育有危害。在这里，有必要对《孟母三迁》做个简要的分析。

原文：邹孟轲母，号孟母。其舍近墓。孟子之少也，嬉游为墓间之事，踊跃筑埋。孟母曰："此非吾所以居处子也。"乃去。舍市傍，其嬉戏为贾人炫卖之

事。孟母又曰："此非吾所以处吾子也。"复徙舍学宫之傍。其嬉游乃设俎豆，揖让进退。孟母曰："真可以居吾子矣。"遂居。及孟子长，学六艺，卒成大儒之名。君子谓孟母善以渐化。

译文：孟子的母亲，世人称她孟母。孟子小时候，居住的地方离墓地很近，孟子学了些祭拜之类的事，玩起了办理丧事的游戏。他的母亲说："这个地方不适合孩子居住。"于是将家搬到集市旁，孟子学了些做买卖和屠宰的事。母亲又想："这个地方还是不适合孩子居住。"又将家搬到学宫旁边。孟子学会了鞠躬行礼及进退的礼节。孟母说："这才是孩子居住的地方。"就在这里定居下来。孟子长大后，学成六艺，获得大儒的名望，君子认为这都是孟母教化的结果。

孟母为了孩子成才，寻找适合孩子成长的人文环境，这一点是绝对正确的。孟母为了孩子受到良好的教育不断搬家、改变环境，目的是孩子将来读书做官，在那个时代无可厚非，但如果生搬硬套到现代，就违背了人人平等、服务社会的现代教育价值观。

前几年，社会上流行过一个现代版的孟母三迁的故事。这个"孟母"觉得老家山东邹县的教育质量不如大城市，先是带孩子到济南求学，结果发现学校分三六九等，“孟子”上的原来是农民工子弟学校。一怒之下，“孟母”把目光瞄准了北京，首都的教育质量肯定是最好的！她听说最好的学校前几年只要找中间人，花几十万就能上，但现在规定不让择校后，只能买学区房才能上了。“孟母”用五年时间取得了买房资格，咬咬牙，拿出所有积蓄凑了首付，又办了按揭贷款，花300万元在北京西城区买了一间10多平的房子。这下能上名校了吧？结果带“孟子”到学校报名才知道，还是不符合条件，房子过户不仅要够5年，还得有北京户口，缺一不可。“孟母”气得差点吐血，最后听从高人指点，将孩子送到了私立学校。这个“孟母”为了孩子的教育费尽心机，但她的出发点可能是有问题的，没有把孩子读书是为将来服务社会这一原则体现出来。

还有一个民国版的孟母三迁的故事。1912年，傅雷4岁时，父亲傅鹏飞被诬陷入狱3个月，患上了肺病，出狱不久就因含冤未雪抑郁而终，年仅24岁。其间，母亲将全部身心用于为父亲翻案，傅雷的两个弟弟和一个妹妹因无人照看，相继夭折。

家道剧变，母亲将所有希望寄托在傅雷身上，为了让傅雷接受良好的教育，效孟母三迁，毅然携子离开闭塞的乡下，搬至十余里外素有“小上海”之称的周浦镇。

母亲注重傅雷的启蒙教育。傅雷7岁时，母亲请来老贡生傅鹤亭讲授四书五经，还为其延请老师教授英语。“五四”运动爆发后，母亲受到新思潮影响，送傅雷到“洋学堂”读书。

母亲对傅雷管教极严，甚至到了冷酷无情的地步。有一次傅雷逃学，入夜后，母亲将他手脚捆住，往屋外的水塘拖去。傅雷拼命挣扎，但母亲不为所动，狠狠地说，以后你再也不用上学了。傅雷声嘶力竭地求饶，闻讯赶来的乡亲轮番劝阻，才将傅雷救下。母子二人抱在一起失声痛哭，母亲说：“孩子，我没了你父亲，你的两个弟弟和刚3岁的妹妹也没有了。我，我只剩下你了啊！”

后来，傅雷以优异的成绩考上上海大同大学的附中，再后来到法国留学。无论走到哪里，无论干什么，他都丝毫没有放松对自己的要求，总感到母亲那双布满血丝的眼睛在背后盯着他，那句震颤心灵的话，也始终在耳畔回荡。有一次，他问起母亲，说当年如果没人来救，她会把他推下池塘吗？母亲抚摸着他的头说，傻孩子，哪有那样狠心的母亲啊……

傅雷的母亲性格刚烈，她赋予傅雷“不为物役，不为人使，以保持人格的独立和尊严”的刚烈直率的秉性，成就了傅雷的事业。

如今，中国家庭多数只有一个孩子，有的有两个，如何给孩子最好的教育，成了很多家庭的头等大事。但尽早让孩子体验生活的艰辛和挫折，绝对是给他们试穿人生的防弹衣。

在我们的邻国日本，多数家庭的经济条件都不错，怎么才能让孩子体验挫折呢？他们就会故意设置一些挫折，让全家人共同面对，相互鼓励，一起渡过难关。

比如，母亲在某一天突然宣布，父亲的公司发不出工资了，家里积蓄有限，生活开支要降到原来的三分之一标准，全家开始过清贫的生活。母亲会经常跟孩子沟通，不但希望孩子理解人生的艰辛，还会启发孩子就开源节流想想办法。也有一些极端的，明明是父亲出远门，却告诉孩子父亲可能去世了，以锻炼孩子的承受力。当然，这些极端做法我们是不提倡的。在挫折环境下，孩子不仅理解了节约的意义，还会想怎么给家里挣点外快，补贴家庭的开支。

在盎格鲁-撒克逊人、犹太人的文化里，也有故意“导演”家庭悲剧来历练孩子的传统，这里就不举例了。

总之，**尽早让孩子体验生活的艰辛和挫折，是养活教育的重要部分**。孩子从小体验过艰辛和挫折，内心会更加强大，等于提前试穿了人生的防弹衣。

十、在意别人的存在与不麻烦别人是必备的修养

二三十年前，“不给别人添麻烦”是一句很平常的话，蕴含着对别人的尊重和自己的谦卑。但渐渐地，现在说这句话的人越来越少了。

不给别人添麻烦，意味着，是人立足社会的重要品行，甚至是潜在的资本。

不给别人添麻烦是一种修行，是从小就要培养的习惯。培养这种习惯有两个渠道：一是被动培养，比如家境苦寒，凡事要靠自己，只能不给别人添麻烦；二是虽然家庭条件很好，但由于家教严格，懂得不给别人添麻烦对一个人将来的重要性，刻意严格培养和训练孩子凡事不轻易麻烦别人。

如果你去过日本，可能在街头看到过这样的场景：不论是赶时间还是刮风下雨，不论是爸爸妈妈还是爷爷奶奶，日本家长在接送孩子的时候，都是两手

空空的，不会帮孩子拿任何东西，而日本的小朋友都背着大大小小的包。这一规则，不仅适用于普通日本家庭，即便是日本皇室的孩子，上幼儿园也是自己背包的。

在日本待过较长时间的人还会发现，不只是上学放学，在日常乘坐火车、汽车或轮船出行时，日本孩子也都是自己背着包的。

如果你问家长为什么不帮孩子背包，日本人会说，这是他们自己的东西，理应自己来背。这是为了让孩子从小懂得自己的事情要自己做。

为了培养孩子自己的事情自己做的习惯，锻炼他们独立自主的能力，日本的家长还会放手让孩子做很多事情，比如自己穿衣服。日本是个极其注重礼仪的国家，孩子入园时、吃饭时、玩耍时，都要穿不同的衣服。上学时，他们要穿幼儿园统一的套头衫与短裤，到了幼儿园要换上方便活动的罩衣，到操场玩耍时，又要换户外装束。

如此频繁地换衣服，对小朋友们是有一定难度的，但日本大人从不会伸手帮忙，只会站在一边，静静地看着孩子自己做这些事。整理背包还能够提升孩子的条理性。将书、衣服、毯子等装进相应的背包里，长期锻炼下来，孩子们分门别类的能力也会有提升。日本的成年人，特别是妈妈们，就是这样从小培养孩子独立自主的。日本人能不厌其烦地对垃圾做精细的分类处理，也跟他们从小受到的教育密不可分。

不给别人添麻烦，几乎是日本人为人处世的最高准则。在日本，请保姆几乎是一种有违社会道德的事情，如果你问一个日本朋友为什么不请保姆，他们会说："请保姆？非被别人骂死不可！"自己能做的事情让别人帮忙，无论花钱与否，在世人的面前不仅不会有"我家有钱"的自豪感，反而会因为自己家庭的懒惰形象而感到羞愧。

本田汽车的创始人本田宗一郎认为：道德教育完全不需要，坚守"不给人添麻烦"的信条即可。

养活教育的目的，就是从小培养、训练孩子靠自己的本领很好地生活，以便将来在社会上立足，其中的精神内核就是**"不给别人添麻烦""自己的事情自己做"**。创造各种机会，训练孩子做自己能做的事情，就是践行养活教育。家长不仅不能剥夺孩子参与家庭、学校、社会各类劳动实践的权利，还要想方设法给孩子创造这样的机会。只有不断通过实际行动，体会和总结，孩子才能领悟其中的道理，认识到靠天靠地不如靠自己。

古今中外的事例已经充分证明，从小受“不给别人添麻烦”“自己的事情自己做”训练的人，长大以后才能在意别人的存在，才能得到别人的尊重，才能受到社会的欢迎。

同时，**对孩子的无理要求坚决说“不”，也是“不给别人添麻烦”的拓展**。这些，都需要家庭内部形成共识，引导孩子一步一个脚印地去训练，持之以恒地坚守和践行。

十一、从小培养瞬间亲情 让你得到更多帮助或保障

什么是一个人的世界，什么是大家共同相处的社会，这个问题一定要搞清楚。

在只有你一个人的房子里，这间房子就是你一个人的世界，你怎么说话，怎么穿衣，甚至不穿衣服都没关系。这是你一个人的世界嘛，你可以做主。但是，如果进来一个人，和你共处，空间没变，本质却发生变化了——这里已经是社会了。这个空间再也不属于你一个人，而是你与别人共享的区域，这就是社会。既然是社会，就存在人与人的相处。

人的一生，特别是成年以后，大部分时间并非与亲人在一起，而是在社会上与各种人相处。现在，让我们来分析一下社会生态，也就是我们每天生活与工作的环境。

平时也许你没有太大的感觉，但当你身上发生事

故、遇到困难、内心彷徨时，第一时间能帮你的，是你身边的人。所以，你要对你的同学、同事、战友、同行者，对身边所有的人好，因为他们是第一个能扶你一把，能帮你打电话求救的人，他们就是你那一瞬间的亲人。所以，任何时候都要对身边的人怀有善意，怀有亲情，这就建立了一个瞬时的亲情生态。给这个现象下一个定义，就是“瞬间亲情论”。

我在2009年提出“瞬间亲情论”以后，刻意让朋友们在旅途中、在工作中去实践，后来，又在我的公号上倡议更多的人，在平时生活中体验瞬间亲情效应。得到的结果令人乐观——尽管刚开始有些不适应，但一旦建立起瞬间亲情，安全感和快乐感瞬时飙升。

瞬间亲情论告诉我们一个真理：人是社会的一员，与周围的人和谐相处是人生的重要部分，也是安全和幸福的保障。

一个人怎么才能养成瞬间亲情感呢？这就需要在孩子成长过程当中，培养孩子对父母、家人以外的其他人的尊敬。这种尊敬，要从在意别人的存在开始培养。

养活教育的目的，是让一个孩子长大以后能很好地立足社会，幸福快乐、光明磊落地度过一生。瞬间亲情是一种情感，也是一种待人接物的习惯，需要从小培养。这种情感和习惯，不是说有就有的，不仅需要从小养成习惯，还需要全社会逐渐达成共识，形成一种社会风气，这样，社会的文明才能前进一大步。

在分析瞬间亲情论时，虽然我们考虑的首先是自己的依靠、保障和便利，但从瞬间亲情论的核心价值来分析，希望身边的人过得好，为身边的人鼓掌，也是瞬间亲情论的广义组成。

希望身边的朋友、同学、同事过得好，过得快乐，身处这样的情感圈，你才能更加安全和快乐，一旦遇到困难，这些人都可以对你伸出援助之手。因为他们都过得不错，对你的帮助自然就更有分量。

道理大家都明白，但由于长期受“人上人”的传统价值观影响，要做到真诚地希望身边的人好，为身边的人鼓掌，也不是很容易的事情。

瞬间亲情论追求的是平等、互爱，和“人上人”的价值观是对立的。“人上人”的幸福感，是把自己的幸福建立在别人的痛苦之上。而“人中人”的幸福感，是让幸福产生共鸣，相互温暖，是在意别人的存在，是一种永恒的幸福。

养活教育要培养孩子从小不嫉妒，为别人的成绩高兴；自己取得成绩的时候更要谦虚，尽可能和别人分享成功的经验。养活教育的瞬间亲情论价值观培养出来的人，立足社会不仅容易，还会受到社会的欢迎。

十二、被迫“做减法”的成长是人生悲剧

关于孩子的培养，中国一直流行一句话：目标定高一点，以后即便没有实现这个高目标，也比目标定得低的人要好。

这句听上去没毛病的话，不知道祸害了多少人，用数以亿计来形容都不足以表达其为恶之甚。这句话，不仅逻辑错误、价值观错误，而且内核极其刻毒，却还被装饰得极其美好。一旦醒悟，后悔已经来不及了。甚至，有的家庭直到悲剧已经酿成还没醒悟，还不知道灾难竟是这句话铸成的。祸害之大，令人发指。

我们简要分析一下，这句话是怎样祸害人的。

孩子还在肚子里的时候，母亲通常就有一种没来由的直觉：这个孩子将来一定有出息！

从产房里传出第一声啼哭起，父母就产生了一种

幻觉：这孩子的哭声有异象，将来肯定能成大业。

欢天喜地地从医院抱回家，父母又会从孩子的眼神里面产生幻觉：科学家、音乐家、高官、大老板……将来读大学，应该是哈佛、剑桥吧！

上完小学，孩子不仅没有拿到全市第一、全校第一，连年级第一甚至全班第一都没有拿到……这时，父母一般会做两件事：一是不惜血本地择校，二是把目标从哈佛、剑桥调整为北大、清华。

初中毕业，孩子可能连全班第一都不是，这时候，父母还是在忙活两件事：一是择校，二是把目标改为浙大、复旦。

高一结束，孩子的成绩还是不理想，这时候，父母就只忙活一件事了：全力以赴给孩子刷题，一定要考个985。

到了高二，孩子的成绩不仅没进步，名次还后退了不少，这时候父母又修改目标：全力以赴保一本。

到了高三，孩子的成绩实在不妙，全家人痛定思痛，在一阵恐慌、叹息中做出决定：保二本，最差也要上个三本。

以上描述可能略有夸张，但基本符合事实。许多孩子就是在父母的这种“被动减法”中成长的。这是一个很多父母都犯过，又不愿承认的错误。

那么，是不是目标定得越低就越好呢？当然不是。但绝不是越高越好！

中学物理有一个“宇宙速度”的概念，我们就以宇宙速度来解释能量与目标的关系吧。

当一颗卫星的目标是围着地球转，那就必须在设计、生产时保证它的速度介于7.9—11.2千米/秒。如果卫星并入轨道时，速度达不到7.9千米/秒，就会坠毁；如果超过11.2千米/秒，就会脱轨。

这个物理现象告诉我们，如果你把目标定在绕地轨道，就要具备7.9千米/秒的速度，否则人生也会像并轨失败的卫星一样坠毁，前功尽弃。所以人生不可定过高的目标，定了过高的目标，你的能量又达不到，问题严重点的，会毁掉一生，问题不太严重的，也会做许多无用功，既浪费金钱，又浪费了本可学习其他本领的时间。

目标也不是定得越低越好。那么怎么定人生的目标呢？

最好的办法，就是不要定目标。

你只要从小在养活教育中不停地实践，每天都把该做的事情做好，健康、勤劳、向上，做得一天比一天好，哪怕很小的进步，都是收获。不断成长，不断地学做力所能及的事情，人生就会越来越有信心。这就是“加法人生”，是充满希望和未来的人生。

通过对比，我们不难判断，应该怎样面对人生的目标和定位问题了。

十三、人生从起点到终点并不复杂

社会上流行一句话：千万不要让孩子输在起跑线上。我必须指出，这也是一句对人生充满误导的话，是极其错误的，甚至会给孩子从小就戴上枷锁，把好端端的人生变坏甚至毁掉。

我始终认为，**人生短暂，有效的生命更短暂，能够挣钱的时间尤其短暂**。

谈到"人生必须挣钱"，很多人不屑一顾：人生为了挣钱？有点高大上的理想好不好？！

在这里，我们不得不谈一谈犹太人，不谈宗教信仰，只谈犹太人的家庭教育。

犹太家庭从小对孩子的教育，就是养活教育，其中，"人生一定要挣钱"这一目标是毫不含糊的。

在中国，谈钱一直被认为"俗气"，孩子从小被灌输的都是"远大"的理想，所谓修身、齐家、治国、平天下。从小所有的努力，都是为了将来读大学、上名校。家长生怕孩子输在起跑线上，通过各种方式修改起跑线的位置，以便于“早跑”和“偷跑”。

其实，人生哪里是毕业就定输赢的短跑？恰恰相反，一个人从学校毕业时，才刚刚踏上社会这条起跑线，就此开始人生这场马拉松！

犹太人对人生的目标更清晰，简单来说就是：信仰＋金钱＋知识。

犹太家庭从小就给孩子灌输挣钱的意识：人生的目标中，最重要的是挣钱。挣不到钱，无法在社会上立足。他们还让孩子从小练习挣钱，学习和实践各种挣钱的本领，通过挣钱来领悟人生的智慧。

在“人生必须挣钱”这一直观信条的指引下，犹太人堪称八仙过海，各显神通。占全球人口2%的犹太人，获得了22%的诺贝尔科技类奖项；西方著名大学里，有可观比例的犹太裔知名教授；世界金融领域的话语权，几乎被犹太人霸占……“世界的钱在美国人的口袋里，美国人的钱在犹太人的口袋里。”犹太人在世界上取得的成就，举不胜举。

养活教育思想提倡从小对孩子灌输挣钱的理念，

不仅要灌输，还要创造条件让孩子锻炼、学习怎么挣钱。

中国人受传统文化的影响，认为谈钱庸俗，而犹太人谈到钱，心境坦荡直率。中国人很少教孩子怎么挣钱，以为孩子长大了就自然会挣钱了。而犹太人从孩子小时候起就灌输金钱观，教他们如何管理零用钱，如何看待财富的价值。

孩子并不了解金钱的意义与价值，但对自己的需求是有认知的。因此，犹太父母会从孩子懂得向父母索要时，开始向孩子解释东西是要用钱买的、赚钱是辛苦的，并引导孩子开始寻找赚钱的方法。股神巴菲特6岁就知道向邻居出售口香糖。

我们一起分析一下犹太人对金钱的态度，特别是他们从小教育孩子的方法和理念，或许会有启发。大多数犹太家庭，会分年龄段来训练和教育孩子：

2—3岁：父母开始教孩子辨认纸币和硬币；

3—4岁：孩子要学会简单的计算（算账）；

4—5岁：让孩子知道钱是怎么来的，以及钱可以购买东西；

6—7岁：看懂价格标签，培养“钱能换物”的观念；

7—8岁：教会（甚至逼迫）孩子找机会赚钱，把赚到手的钱存进银行；

8—9岁：孩子要能制订一个星期的开支计划，购物时知道比较价格；

9—10岁：要求孩子定期省下一些钱，以备紧急所需；

10—12岁：要求孩子制订并执行两周以上的开销计划；

12—13岁：要求孩子懂得正确使用金融业务术语。

犹太人对财富的认识很理性：有钱，不见得就好；但没钱，会带来罪恶的可能性很大。东西是要用钱买的，赚钱是辛苦的。人生只有实现了挣钱的目标，才有条件谈别的。

他们对金钱的态度也不复杂：**爱钱，但不贪钱。**对钱能取舍自如、慷慨奉献。我们有的人过分追捧金钱，也有的人过分蔑视金钱，这样的态度都失之偏颇。犹太人之所以能有如此特别的金钱观，是因为他们对待钱的态度理性而且科学。

观念一：金钱是给美好人生的祝福

历史上犹太人一直在受迫害，一个随时流亡的民族，能依靠什么呢？除了信仰，只有钱！

长期流离失所的犹太人，逐步建立了一套代代相传、行之有效的金钱观，他们财富上的巨大成功就归功于此。它帮助犹太人控制金钱、获得财富、获得快乐，而不是被金钱控制、迷失自我，变成金钱的奴隶。

犹太人认为，金钱不是万能的，但也不是诅咒和罪恶，人不可能被金钱变成坏人。金钱是祝福人的工具。金钱的善恶取决于钱的主人的选择。只要能用法律、道德对金钱的使用加以规范，就可以带来财富与快乐。

犹太人关于金钱的格言很多，简单摘录一些：信仰投射光明，金钱带来温暖；满满的钱包不见得就好，可空钱包却会带来罪恶；崇拜物质的人，自己也将变成物质；人并不是为金钱而存在的，正如衣服是为服务人类而存在一样……

观念二：没有钱的清高思想是危险的

犹太人不考虑金钱的善恶，无论贫富，都认为金钱只是人类的工具而已。但犹太人认为没有钱的清高思想是危险的：贫穷不是耻辱，但勿以为光荣；金钱给好人带来好事，给坏人带来坏事。

观念三：只爱钱是无法有钱的，要钱也爱你才行

犹太人认为，拥有许多财产，烦恼也会随着增加；但完全没有财产，烦恼会更大；只爱金钱是无法有钱的，必须要金钱也爱你才行；成为富豪的方法是，明天的工作今天做，今天的食物留到明天吃。

这些观念，充满了养活教育思想。犹太人非常清楚，勤劳和节俭是挣钱的重要前提。

观念四：富人不肯施舍，财富就不会给他荣耀

犹太人有这样一个观念：捐献一定数量的钱，是每个人的“公共义务”。接济贫穷成为一种社会习惯，哪怕是家无三餐的穷苦人，也随时准备施舍比他们更穷的人。

犹太人认为，如果一个富人不肯施舍，财富就不会给他带来荣耀。因此，有很多犹太富人都在慈善方面不遗余力，个人生活却相当节俭。犹太人热爱金钱，但非常理性，他们认为有钱是件好事，但了解钱的用法更重要。

犹太人坚定地认为，炫富是一种可耻的行为。

中国有些家庭，表面上对从小灌输孩子挣钱持否定态度，但评判起一个孩子来又是这么说的：我家孩子某某名牌大学毕业，后来去了某某著名机构，现在年薪多少多少……这不，又回到挣钱这个话题上来了。

既然人生的最终目标离不开挣钱，我们为什么不从小就培养孩子挣钱的观念呢？

只要对挣钱有深入的了解，你会发现挣钱绝不是简单的事情。中国传统文化对商人是有偏见的，其实，在一个公平法治的社会里，钱的背后是修养、品格和技能，是知识、勤劳和洞察力，没有这么多素质的支撑，你是挣不到钱的！

养活教育思想强调，教育要有“投入产出比”意识。**读最短的书，挣最多的钱**。这是教育投资必须要时刻注意，也是要尽早让孩子理解的。

“读最短的书，挣最多的钱”是平民家庭追求的目标和荣耀，是世界各国普遍奉行的标准，中国的平民家庭更应如此。理想和情怀都建立在经济基础之上，否则就是空谈！

挣钱，不是变成钱的奴隶，而是把钱变成自己的奴隶。炫富是一种无聊、下作的行为。

钱，是一般等价物，挣钱就是追求平等。

钱，能给予力量，挣钱就是追求自由。

钱，来自对人对己对社会的正确认知，挣钱就是追求真理！

钱，有时已经不是钱的问题了，而是价值观的问题，是纠正“士农工商”价值排序的问题，是思想大解放的问题。

每个人的起点不可能一样，但终点是一样的，即以挣钱为人生最主要的目标。靠合法的本领挣的钱越多，对社会的贡献就越大，能帮助的人也就越多。

人生一定要挣钱，不挣钱的人生不仅害己，还有可能害人。挣钱是光荣的事，也是人一生最基本的任务。有了挣钱这个宏观的目标，每个人可以八仙过海，各显神通：可以做大厨，可以做商人，可以做教授，可以搞发明……

人生即挣钱，挣钱即人生。这是接近真理的价值观。

挣钱的教育要从娃娃抓起，这是孩子健康人生的起点。

十四、推行养活教育切不可错过黄金时段

上个世纪，全世界有好几个地方发现了狼孩，并得到证实。狼孩，就是从小被狼攫取并被狼养大的人类。据统计，至20世纪50年代末，共发现30个在野外长大的孩子，其中有20个是被猛兽所抚育：5个是熊，1个是豹，14个是狼。

那时交通闭塞，有的婴儿被母狼叼走但没有被吃掉，而是被母狼当成自己的孩子带大了。这些狼孩不会直立行走，而是用四肢爬行，也不会说话，每到午夜时分会像狼一样引颈长嚎。除了外形像人以外，他们的生活习性与狼如出一辙：白天睡觉，晚上活动；怕火、怕光；饿了找食，吃饱就睡；不吃素食，只吃生肉。

狼孩现象告诉我们，孩子生下来、睁开眼，不会说话也不会走路，抚养他的成年动物就是他模仿的对

象。怎么教孩子，就决定了孩子将来会变成“什么”，有模才有样，狼带出来的孩子，就是狼的模样。

注意，狼孩是被狼带大的孩子，没有成年人与狼相处会变成狼孩一样的人。这说明，在人的成长阶段，外界的行为、价值观的导入有多么重要。

养活教育也是一样，必须抓住孩子儿童期这一黄金时段，越早开始越好。

实践不断证明，家长与孩子的交流可以分为三个阶段：2—3岁是零星交流阶段，3—4岁是交流形成阶段，4—6岁是基本交流阶段。这三个都是灌输养活教育理念的好时段。

大家都有这样的认识：一个6岁前的孩子，无论到哪个国家，两年后基本都能掌握当地语言，而且像母语一样没有任何口音。年纪再大些的孩子，到另外一个地方生活，口音可能就形成了，所谓乡音难改。

人是成长敏感型动物，从小必须教育塑造。这里也有自然规律：2—3岁是起始阶段，3—4岁是飞跃阶段，4—6岁是形成及巩固阶段。趁早把孩子的养活教育做好，孩子今后就会自觉遵从养活教育的理念。

再强调一下孩子的年龄段与教育接受程度的关

系。目前，人的寿命一般在80—100岁，其成长过程分为2岁前、2—3岁、3—4岁、4—5岁、5—6岁这样的细微年龄单元。从1岁到2岁，虽然只长大了1岁，但却长大了“1倍”，是巨大变化。孩子越小，变化越大，单位时间里增量就越大。

养活教育就是力争在6岁以前，把孩子调教成一块“料子”，今后遇上好的“皮革匠”“裁缝”“厨师”“雕刻师”，才能变成好的“作品”。先成为一块“好料子”，再根据“料子”的特性加工成各种各样的“作品”。养活教育是尽早、尽快把孩子打造成“好料子”的过程，将来的学校教育是把一块“好料子”再加工的过程。

我们说过，6岁以前是实施养活教育的黄金阶段。动物之间虽然种类不同，成长规律却是相通的。训练孩子，本质上跟训练小动物没有多大区别，原理甚至一样——人虽然是最高级动物，但也是动物的一种，不要把人类看得多高明。动物园里的驯兽员对动物都是从小训练，如海豚、海狮、猴子。人也一样，需要从小不断训练、反复灌输、精益求精，才能形成养活教育所追求的思维与行为习惯。否则年龄一大，定式形成，再后悔就来不及了。

有些从事教育的人常说，要让孩子勤于思考。其实，思考来自做事，做事才会带动真正的思考，否则就只是空想、乱想。因为做成一件事情的过程中总会遇到困难，做成一件事情就不容易，做好一件事情更难，需要想无数的办法，甚至屡遭失败、反复总结才能完成，需要不停地动脑筋思考。

许多事例证明，孩子在实践过程中想出来的解决问题的方法，会超越你教的方法，这才是有效学习和思考的过程——有困难，去解决；有结果，能验证。做事，特别是把事情做好，是困难的，人生最终都要落在做事情上。

养活教育，就是从小教孩子做不会做的事，逼孩子做会做的事，不断改善和领悟，逐步提高。

陶行知先生有一首顺口溜：人有两样宝，双手和大脑。双手会做工，大脑会思考。用脑不用手，快要被打倒。用手不用脑，饭也吃不饱。手脑都会用，才算是开天辟地的大好佬。这首顺口溜直白地表述了一个真理：一切创造离不开实践，特别是实干。实干，就要手脑并用，先用手去干，然后用脑思考、总结、修正、提高，最后再实践验证，如此循环往复。所以说，做事、干活，比什么都重要。

大家不妨试一试，一个4—6岁的孩子，只需一个星期的养活教育理念的灌输和实践，言谈举止就会有明显的变化，堪称立竿见影。

针对孩子的养活教育，家庭成员一定要形成统一战线，切不可一个大人在教孩子这样做，另一个大人却充当孩子的“帮凶”或保护伞。否则，孩子会无所适从，甚至对家长失去信任，养活教育的效果将大打折扣，孩子甚至会被毁掉。

学龄前的孩子，切不可上太多的文化课，也尽量不参加才艺培训班，更不能为了将来考大学能加分而考什么级——特别有天赋又热爱的除外。在一些发达国家，孩子三四岁的时候被教的是记住家庭住址、父母的电话，学会逃生、报警，栽树养花，烧饭做菜，洗碗，擦酒杯，都是救命的本事和日常的家务。任何劳动都有因果关系，洗衣服，不认真洗就洗不干净；擦酒杯，对着光线能检查有没有留下污渍、手印。行动——认真干——验证结果，这就是逻辑，就是有因果的实践。

我国传统文化里有一种糟粕，热衷于攀比各种看上去很厉害，实际没什么用的事情。比如你家孩子背200首唐诗，我家孩子就背400首；你家孩子3岁会背，我家孩子2岁就开始背。浸淫在这种比来比去的心态里，就忽略了孩子的养活教育。这就是因为父母没有把养活教育当作孩子的人生根基来重视，还嫌麻烦——与其教孩子怎么做事，还不如自己干来得省心！家长哪里知道，你一时的省心，浪费的是孩子接受养活教育的大好时机。

孩子7岁以后要上学了，再接受养活教育的困难就大了很多，因为孩子上学后，受到学校、社会诸多因素的干扰，养活教育的灌输、培养与实施就更困难，而且会越来越难。科学规律证明，孩子越小越省力、越有效，孩子越大越困难、见效越慢。许多事例证明，孩子在14岁前如果不打好养活教育的坚实基础，问题会非常严重，甚至遗恨终生。

西方人有句俗话：每个人一生都有一杯很苦的苦水，你应该尽早把它喝掉。

这杯苦水迟早要喝，你每天抿一口，那就一生都在喝苦水，生活永远不会甜，还不如趁早一口气把它喝完，就像喝苦药一样。**养活教育，就是解决趁早喝完苦水的难题**。

上面提过，孩子上小学以后，推行养活教育的难度越来越大，因为孩子受干扰越来越多，越来越不单纯，接受价值观的道路越来越多元。四五岁时花两三天可以教会的事情，7岁以上的孩子花一个月都不一定能教会。

上学以后，孩子也变得非常忙碌，上课补课，家庭作业，有的家长还要孩子挤出时间学音乐、学绘画，学各种“高大上”的才艺，唯独就是没有接受养活教育。

前面我们曾提到，那些为了考级而学钢琴的孩子，成年以后平均弹钢琴不超过20次。钢琴不弹了，画也不画了，问题倒是不大，但是饭菜做不了，家务一点都不会，生活不能自理，问题就严重了。

还有人以为，琴棋书画可以培养人的修养，我认为这完全是以讹传讹，琴棋书画和人的修养几乎没有关联。至于这是不是事实，还请读者自己去观察判断，但我要说的是，生活无法自理、自己都无法养活自己的人，还谈什么诗情画意！养活教育缺失的人，是很难有教养的——我认为，没有养教（养活教育），便没有教养。

孩子在上小学之前，如果没有接受养活教育的系统训练，例如不懂抵挡虚荣，不懂不能随便跟人借钱，不懂在乎别人，不懂帮助别人（什么事情可以帮，什么事情不可以帮），没有形成羞耻感，没有学会遵守规矩，等等，孩子们的这些不足会在学校里爆发，甚至会影响一生。

孩子在上小学之前，如果没有接受系统的养活教育，家长在孩子面前也会失去威信和亲和力。随着孩子学的东西越来越多，脑子变得越来越复杂，孩子再也不会像以前那么单纯，有的还会觉得父母无知、无聊甚至可恨。这时候，再要回过头来补养活教育课，孩子的接受程度会很差，更别说繁重的课程、作业使得时间不允许。

现在7—12岁的孩子，随时都可能进入叛逆期，但受过养活教育的孩子基本不会叛逆，即便有叛逆期，也会温和得多。这些孩子，哪怕因为叛逆期的情绪而出这样那样的问题，但自我理解、自我减压的能力都好得多，因为他们小时候接受过养活教育，有过对生活的各种体验，内心会对困难产生共鸣和理解。打个比方，一个做过饭的人，会知道做饭不容易，而一个没做过饭的孩子，只会挑剔饭菜不好吃，而不会考虑这道菜为什么不好吃，或者怎么才能做得好吃。从某种意义上来说，养活教育就是预演人生体验的教育。

那么，如果孩子在上小学前没受过养活教育，怎么办呢？

虽然难度大了不少，但我们还是要尽最大努力去挽回损失。具体怎么做呢？下面是我们实践过，且取得成效的一些做法。

一至六年级的小学生（6—12岁），放学以后或周末（特别是寒暑假），一定要培养他做家务。教他不会做的事，逼他做会做的事。教，是求知、学习；逼，是重复，是不断总结、领悟和提高，是锻炼精益求精的品行。

不得不指出，我们总是习惯停留在“知道就可以了”，很少追求“没有最好，只有更好”“领悟提高，精益求精”。如果整个家庭一起配合好，齐心协力帮孩子挤出时间，补上养活教育课，也会有一定的成效，有的效果还比较显著。养活教育的课补上以后，你就会发现孩子的时间安排能力、学习的主动与轻松性、学习成绩等，都会比受养活教育以前提高不少，和那些没有受过养活教育的孩子比更是完全不一样。**实践证明，养活教育越深入，孩子的成绩也越好。**

12—15岁的孩子大部分在读初中，已经渐渐形成自己的世界观，随着身体的发育，青春期的到来，这时再要补养活教育课，就更费时费力了。三四岁孩子只需一天时间的课，现在花一个月，有的甚至还完不成。但这个年龄段的孩子，只要下决心弥补，还是有一定成效的。

做任何事，都有时间、时机的“两时”概念。时间和时机，是事情成败的决定性的因素。比如生孩子，如果怀孕7个月就生，时间不够，时机不对，就叫早产儿；怀孕10个月生，时间正好，时机正确，叫足月产；怀孕15个月还没生出来，时间与时机都不对，基本上就是死胎。聪明的人，时间和时机把握得都好。养活教育要从小抓，这也是时间和时机问题。

15—18岁，推行养活教育将十分困难，属于最后的挽救阶段。这个年龄段的孩子，虽然还年轻，但脑子里已经有了世故，身体也有了“肌肉记忆”。在许多行业，过了14岁再学就学不出来了。

15岁以后才开始养活教育，家长要先和孩子交心，务必耐心、谨慎，千万不能发火，先让孩子听得进你的话再说，和孩子一起做家务，一起打理生活，慢慢地，少数孩子能挽救回来。虽然是“死马当活马医”，但千万不能放弃，这是最后的挽救机会。这时，养活教育的内容不变，但方式要变，注意多跟孩子在相同的语境下交流，用“同生活，共劳动，同甘共苦”的方式推进，分享取得每一次进步的快乐。

恩格斯说：“人类始终在兽性向人性的方向寻找出路。”其实，很多孩子连兽性都达不到，因为野兽能养活自己，会淘汰自己的不具备生存能力的后代。

如果18岁之前没有受过养活教育，等到18岁以后，只能算亡羊补牢阶段。到了这个阶段，再怎么努力，讲再多道理，花再多功夫也难奏效了，只能给孩子讲讲两个坎：（1）当你35岁时，爸妈老了，不是大富之家的话，父母的“取款机”功能丧失，没有能力再接济你了，你养不活自己怎么办？（2）当你65岁，父母随时都有可能离开这个世界，你是一起去死，还是继续活在这个世界上？想好没有？这是必须要面对的问题啊。这两个时间节点，被称为人生的“二五”两个坎。

人生是短暂的，很多事，错过了就无法重来。许多人不是老得太快，而是醒得太晚。养活教育的实施，在不同的年龄阶段要用不同的方法，最后的效果也不同。

再次提醒：**养活教育，年龄越小越好教，年龄越小越有效；年龄越大困难越大，越难有成效。**“生活上的这些琐事，孩子大了自然会”这句话，不仅自欺欺人，还会贻误孩子的一生。

本章的最后，特别提醒：很多家长放任孩子从小自由摆弄手机，这个很小的举动，可能会给孩子带来巨大的伤害。一旦孩子成了“手机儿童”，首先是养活教育很难推行，还可能毁掉孩子的一生。关于未成年人接触手机，很多国家有严格的规定，**绝不允许孩子自由摆弄手机**：小学阶段不允许随身携带任何电子产品；初中阶段只有在游学或离开学校所在地时允许带手机，但由带队老师统一管理，每天使用半小时以内，以便与家长通话；高中阶段，手机不允许被带进教室。覆盖校园范围的网速总是被调得很慢，且每天使用手机不能超过2个小时。

现在的许多父母，总是放开了让孩子玩手机，心里可能还偷着乐：孩子专心玩手机了，就再不来烦自己了。是的，眼下是不烦了，但未来可能会烦你一辈子。

现在，大家应该能更深刻地领会“养活教育”四个字的含义了，它涵盖了人生开始阶段的准备——为孩子立足社会准备技能、准备心智；培训心理承受力、处理问题的能力；对人生必须面对的困难、存在的各类陷阱，提供预演（或预警）。

十五、尽早走向社会，生命更加茁壮

“人生短暂”的感慨人人都有，但是真正做到惜时如金的人很少。特别是有些父母，对待孩子求学一事总是不够精打细算，好像孩子是长生不老的神仙，很少考虑人生的时间分配问题。

一般来讲，孩子会比父母年轻25—35岁，也就是说，25—35年后，孩子就是今天的你。上天是公平的，给每个人的生命长度都差不多，所以，当父母考虑自己孩子的人生时，切不要以为孩子寿命无限，来日方长。

人生确实短暂，而挣钱的时间更短。如果在孩子受教育一事上不计时间和金钱成本，显然是错误甚至愚蠢的。特别是中国人，老觉得学历高总不是坏事，在孩子读书这件事上，从不计较时间和金钱的投入。

尽管不能把教育完全当成投资，但我们也不能不正视其中确有投资成分的现实。既然有投资的成分，就不得不遵循“以最低成本取得最高回报”这一基本准则。

成本，以金钱计，就是投入产出比的问题。几十年来，我只见过一个中国孩子对这个问题保有敏感度，他是我朋友于福功的儿子。这孩子从小就有成本意识，读小学二年级就开始通过提供各种服务、组织各类活动来挣钱。他到美国留学时，不像别人那样盯着所谓的名校，而是先算出投入产出比最高的10所大学，再逐一申请。现在，这个孩子早已大学毕业，有了丰厚的收入。他的父亲告诉我，孩子到美国留学，他除赞助了一张机票外，几乎没有花一分钱，因为孩子在高中毕业前就有了一笔可观的积蓄。

成本，以时间计，22岁走向社会和32岁走向社会，差了整整10年。如果这10年一直在读书，没有收入，这就是一笔巨大的财务负担。如果22岁就走上社会开始挣钱，一进一出，10年的财务逆差，这笔账是算得出来的。更何况，一个22岁的年轻人，正是血气方刚的年纪，在社会上摸爬滚打，抗各种击打，还允许有几次从头再来的机会，这些都是32岁才走上社会的人所不能比的。

你说，我读到32岁，博士后了，我的工资高啊。但对一般人来说，拼学历其实是在消费生命。把自己磨得老气横秋不说，可能还没学到什么本事。本田汽车公司的创始人本田宗一郎认为，学校学习和理论学习，对于非学术性的事业没有什么帮助，人需要的是在实践中锻炼学习。用人单位，最终看的都是解决实际问题的能力。本田宗一郎的话，本质上就是养活教育的内核的延伸。

就算是在学术上，我多年前也提出了“成果学历”的概念，即关注成果是在什么学历状态下取得的。你仔细研究一下诺贝尔奖科学类奖项的得主，无论是爱因斯坦，还是田中耕一、中村修二，成果学历都是本科。**是天才，不需要死读书；平常人，再怎么死读书也没有成果，徒费生命而已。**

普华永道会计师事务所已经开始招聘“杰出高中生”。**世界潮流滚滚向前，社会需要年轻人，需要活力和朝气，只要你能解决问题，越年轻越好。**

值得庆幸的是，中国也有越来越多的机构在招聘时开始重视两个新的条件：一是应届生要求本科毕业（不含以上）；二是历届生要求首次入职时不超过23岁。

我提出的“最低学历配置原则”，也越来越受欢迎，试验这一原则的单位都反馈说效果显著。所谓“最低学历配置原则”，就是初中学历能胜任的岗位，绝不用高中生；本科能胜任的岗位，绝不用硕士生。否则就是重大的配置失误，往往会造成单位“死机”。

掌握了解决问题的能力，就尽早走上社会。走上社会时越年轻，你的生命之花就越绚丽。

十六、让我们行动起来推动养活教育

养活教育的“思想”部分内容，到这一章就结束了。让我们把养活教育思想的要点归纳一下：

1. 教育和读书是两个完全不同的概念，读书只是教育的一小部分。那些以为靠读书就能代替教育，或者认为读书就是教育的人，对教育是不了解甚至是无知的。不尽早醒悟，不及时对教育形成更深刻的认识，受教育者最终会被贻误。

2. 我们必须清楚并认同：智商和天赋是天生的，无法通过后天改造；但优秀，可以通过有效的教育教出来。在有效的教育中，以养活教育为优先。换言之，养活教育是家庭教育的重要组成部分，是人生基础教育中的基础教育。

3. 养活教育成功与否，决定一个人将来能否立足社会。综合衡量人生教育的总量和质量，养活教育的重要性占80%以上的权重。养活教育的大部分内容在家庭内部完成，在与家人的互动中完成。家庭就是学校，成员互为师生。

4. 养活教育并不复杂，就是做家务、勤干活、能吃苦、懂挣钱。

5. 养活教育要从娃娃抓起，顺从孩子的天性，从两三岁就开始让孩子懂得养活自己的重要性和必然性，坚信将来只有依靠自己才能立足社会。

6. 养活教育表面上看学问不大——学做不会做的事情，重复做已学会的事情，不断改善。从家庭到田野，从街头到车间，反复练习动作和技能，手脑联动，培养耐心，逐渐学习打理各类事务，培养责任感，增强自信心，学会解决越来越多的问题。孩子的悟性不断释放，生活不断独立，综合能力不断提高。

7. 养活教育与人生的成败和幸福紧密相连。

8. 养活教育成功的孩子，行为有矩，人格独立，懂得感恩与珍惜，深知财富和知识来之不易，更懂得所谓成功就是从不麻烦别人开始，用一生不断完善自己。

9. 养活教育是推动“家庭”这一社会细胞不断进步

的最有效手段，是建立家教、家风、家学的具体措施。

10. 父母一旦进入了养活教育的状态，就会理解“祸从望子成龙出，福自盼儿平安来”的深刻道理。

养活教育越早开始越好，两三岁是孩子开始养活教育的最好时机，年龄越大，困难越大。如果在14岁以前没能完成养活教育，问题十分严重。14岁以后开展养活教育，非常艰难。希望大家都能认识到这一自然规律。

养活教育绝不是心灵鸡汤，只要你的孩子尽早开始践行，就会有收获。

让我们行动起来，共同推动养活教育的普及与实践，使更多人得益于养活教育带来的崭新人生。

在《养活教育·思想》收尾部分，我想强调几项前面没有详细叙述，但对孩子们成长和安全极为重要的注意事项，这些事项是孩子成长过程中不可触碰的红线。

1. 不能让孩子自由拥有智能手机，严格控制孩子使用网络和移动通信。孩子偶尔使用智能手机，必须在父母的监督下使用。高度警惕网络世界、虚拟世界，杜绝电玩游戏特别是涉及战争和杀戮的游戏，避免孩子成为网瘾少年。家长要像警惕毒品一样，对此保持高度的警觉。

2. 母亲要承担起重任，教孩子树立起身体隐私保护意识。让孩子懂得身体的哪些部位是绝不可暴露的，哪些部位是绝不可让别人触碰的。培养孩子把妈妈当作知心人的习惯，遇到事情第一时间告诉妈妈。

3. 孩子会说话时，教孩子强记父母姓名、住址、联系电话。严格训练孩子识别拐卖行为，反复演习被拐卖时该如何逃脱和发出求救信号。

4. 教会孩子从各类灾害或事故中逃生、求救的本领。

5. 给孩子讲解溺水、火灾、烫伤、坠落、窒息等有致命危险的场景，讲清“危险的极限时间”概念（如溺水至死亡的时间是2分钟）。借助图片、视频，直观地演示各类危险场景。有条件的，在专业人员指导下，在实际场景中直观地演示电、煤气、汽油的危险性（如，由专业人员演示，泼洒在地上的汽油如何被一个火花或一根火柴引燃），给孩子留下更深刻的印象。

6. 不要相信课外学习绘画、音乐等技艺必然能提高孩子的修养和素质。一个人的修养，与学习艺术没有必然的联系。不要一听到“琴棋书画”，就自然联想出一个高雅的人物、场景。

7. 反复提醒自己：事情（选择）再重要，一旦与健康或生命产生冲突，就必须放弃。时刻警醒：健康和生命，永远是人生中最重要的。

实践

早悟堂的假期家庭学校

早悟堂是一家利用寒暑假践行养活教育的机构。其创始人何君贤一直致力于研究、传播并实践养活教育思想。从2015年开始，他通过创办“早悟少年”夏（冬）季学堂，以及“早悟父母”线上线下课堂，已经影响了相当数量的家庭。

这些践行养活教育的家庭，孩子变化很大，有不少问题孩子（如网瘾、厌学、性格孤僻）渐渐变成了阳光儿童和少年。他们不仅和父母沟通得更顺畅，对父母更加理解，能帮助父母分担各种家庭事务，而且学习成绩也有很大的提高。多年来，成效卓著，获得了很好的社会口碑。

（一）从家长到“早悟父母”

早悟堂的重点是“早悟父母”线上线下课堂。何君贤把养活教育融入家庭教育的点滴细节之中，帮助家长淡定面对当下的应试教育大环境。在他的课堂里，家长们听得懂、听得进，并愿意去行动。

以下内容摘自一些“早悟父母”的反馈：

——之前我爱对孩子发火，可是发现孩子根本不当一回事，一点效果也没有。现在，我家孩子天天坚持做家务，效果真的特别好，吃完饭都是主动提出要洗碗的。自从孩子和我共同做家务以后，我们的沟通好多了。而且我也学会了自我控制，想发火时，先等一等，再平静地和孩子沟通，效果真的不一样。

——我自己虽然是老师，可是自己的孩子却管不好。上了何老师的课堂，边学习边实践，淡定了很多，发火打孩子的次数越来越少，也学会了欣赏孩子。孩子也发生了很大的变化，不仅越来越爱下厨房做家务了，而且学习及成绩也进步了。

——现在跟孩子沟通越来越轻松了，更容易达成共识。孩子通过参加“早悟少年”夏季学堂，学会了做饭做菜、刷马桶等各种家务，生活自理能力越来越强，三年级就能够放学回家自己做饭吃。孩子也越来越自发自主地学习，学会了坚持，成绩越来越好。

何君贤一直在推动和影响家长们以带孩子做家务为起点，践行养活教育。在他的影响下，已经有很多家长参与到带领孩子做家务的行动中来。尤其难得的是，很多上幼儿园或还没上幼儿园的小朋友，也在家长的带领下做家务了，而且表现相当不错。事情的结果出乎意料地好，甚至很多家庭的爷爷奶奶也都开始行动了。

一位家长这样说：

做家务让孩子更自信。小孩子总是渴望长大，很想学做家长会做的事情，学做其他小朋友还没尝试过的事情，他会觉得自己又学到了新本领，又长大了一点。而且持续的练习之后，孩子会做得越来越好，又减轻了家长的负担，何乐而不为呢？

另一位家长说：

我们一起来行动吧，尽管改变起来非常难，但已经看到了一点点变化，还会越来越好的。我看到我妈妈的态度改变了很多，以前反对孩子自己弄（做家务），现在非常支持。我想，快70岁的老人都能改变，我们自己更应该努力了。

有一位初中女生的妈妈，是被女儿班主任强行拉入“早悟父母”微信群学习的：

女儿一天天长大，大人的烦恼、焦虑也在一步步升级。跟何老师在群里学习两年后再回头看，女儿当时的状态还算蛮不错的，可当时的我，一方面不会沟通，另一方面总站在自己的视角到处给女儿贴坏的标签，日积月累，已经糊满了女儿全身，看不到她一点优点。正因为这样，有一次我在学校不留颜面地对女儿大吼，恰好被英语老师看到，告诉了班主任。就这样，班主任让我进入了何老师的“早悟父母”学习群。

我和早悟堂的缘分从此建立。在何老师的微课堂里，我学会了感恩，学会了坚持，学会了沟通。通过在早悟堂的学习，**我撕掉了原来给女儿身上贴的坏标签，从挤牙膏似的给女儿找优点做起，到后来看女儿满眼都是优点**。我学会了让女儿去独立解决生活和学习问题，她通过做家务，也变得更加自信了。曾经从来不爱表达的她，现在开始唱歌了，甚至会和我手拉手一起逛街。养活教育思想在女儿和我身上开花结果，让我明白什么是真正的幸福快乐。我想，这就是养活教育的力量。

有一位孩子还小，但坚定践行养活教育的家长在总结自己的收获时，说得非常形象：

早悟堂就是个大集体，这个集体可不简单，每天孩子们都在里面大显身手，有顶级厨师，有面包大师，有洗碗巧匠，还有帮着妈妈给超市上货、理货的超级能手，那可真是不简单。所以说，在何老师的群里待，绝对有好处，大家在群里相互交流，共同分享，那可是收获多多啊！

生活中真有大学问，孩子们既学会了干家务，更得到了自信。看到那么多叔叔阿姨点赞，孩子可美了。看到比他小的妹妹洗碗，他会说，这小妹妹是谁啊，好厉害啊！他能从比他小的孩子身上学到好多。何老师在群里的语音分享，我会跟孩子一起听，孩子还要求每天睡觉前都要放一段何老师的录音，他可是何老师的超级粉丝，还会经常问我："妈妈，何老师讲课了吗？"我说："何老师最近太忙了，有时间了会讲的。"养活教育对孩子充满吸引力！

（二）从孩子到“早悟少年”

何君贤在2015年就着手组建了“早悟少年”学习群。他以“望子成龙，不如盼儿平安”的教育观为根基，把养活教育理念传递给家长。2016年暑假，又在家长们的支持下举办了第一期“早悟少年”夏季学堂。何君贤在夏季学堂的课程中，开始践行养活教育思想。

通过向家长传递“望子成龙，不如盼儿平安”的教育观，帮助家长逐渐调整心态，让家长能够在家庭教育中少一些浮躁和焦虑；通过向孩子们传递“养活自己，天经地义”的生活观，帮助孩子走出懒惰和依赖的误区，慢慢成为家庭中负责任的一分子，重新建立与父母的关系。

有一位妈妈，和孩子爸爸陪着孩子，利用高一的暑假参加了第一期“早悟少年”夏季学堂，两个月后发来信息：

非常感谢，孩子回来后变化真的很大，尤其是心理状态和做事态度。学习也有很大进步，这次月考考了班级第一。孩子近来读书很主动，积极上进。我不希望他成为死读书的人，希望他能合理安排自己的生活。

儿子上初中特别是初三的时候，不做作业，整天跟同学去网吧。父母说什么，要么不听，要么一听就吵架。我当时都对他失望透顶了，他爸不知骂了他多少次。高一的时候，他已经被老师看作了坏学生。

高一暑假，我们一家人一起参加了何老师的“早悟少年”夏季学堂，孩子回来后像变了个人，变得阳光了、自信了，知道学习是为了自己，我再也没有啰嗦过他的作业，他爸也再没骂过他。

儿子现在对班级活动也很积极，比如班级板报、足球，这都是以前没有的。发生这些变化，最直接的原因就是参加了两期“早悟少年”夏（冬）季学堂，何老师就像一把钥匙，开启了孩子心中的那扇门。

儿子的表姐觉得很奇怪，何老师用了什么“魔法”，让他有了这么大的变化？因为他们是同龄人，儿子的改变她看得清。

我高兴的是，孩子越来越阳光、自信，对自己负责，成绩进步……一切都在往好的方面发展，这种状态很令人欣慰。

（三）“早悟少年”夏（冬）季学堂的三大特点

何君贤对养活教育思想把握得也比较准。他利用暑假和寒假举办的“早悟少年”夏（冬）季学堂，有三个非常突出的特点：混龄、家长进课堂与孩子一起学习，以及引导家长和孩子淡定而有效地面对应试教育。

首先，在混龄的课堂上，孩子们能够充分实践我提出的“自耦式学习”的理念。班里既有高中生、初中生，还有小学生，甚至有幼儿园的小朋友。这里没有同龄人之间的比较，也就没有比较所带来的恐惧感。每个孩子都有展现自己的机会。

大的孩子从小的孩子身上会发现闪光点——哇，他那么小，都做得那么好；他那么小，都那么热爱劳动，我应该向他学习。此刻的大孩子，没有嫉妒心，却有了觉醒和努力。

小的孩子从大的孩子身上会发现平时从未接触过的特质，并克服过去不敢和大孩子打交道的恐惧心理：

原来，我是可以和大哥哥大姐姐一起玩的；

原来，大哥哥大姐姐是不会欺负我的；

原来，大哥哥大姐姐对我都是很好的；

原来，大哥哥大姐姐真棒；

原来，是可以通过努力达到大哥哥大姐姐的那种优秀的。

需要指出的是，“早悟少年”课堂上混龄，而且家长和孩子一起进课堂学习，对于授课者来说是一个巨大的挑战。因为这样的课，既要考虑不同年龄段孩子的情绪和接受能力，还要让家长有收获、有觉悟、有行动。结果证明，“早悟少年”的课堂在这方面做得很好。

最后，在引导家长淡定而有效地面对应试教育这一方面，何君贤这些年通过“早悟父母”和“早悟少年”的课堂，已经做了很多探索。很多孩子的成绩因为家长实施养活教育而有效地提高，自信心越来越强，家长也越来越淡定，越来越坚持，从而进一步支撑孩子的身心健康成长，形成了一个正循环。这在当前的教育大环境下，是极有意义的。

下面是一位家长的感言：

女儿是“早悟少年”夏季学堂的第一批学生。

让这个从小就被呵护备至的小公主独立出行，我站在家长的角度难免有点担心。和同事聊天，大家也说我在冒险。但是经过思考后，我还是决定和孩子一起做攻略，让她独立出行。

在这里我要说一句：**千万别低估孩子的能力，要学会相信孩子，其实他们比你想象的要棒得多。**

我家住河北，参加2016年第一期夏季学堂时，女儿自己能独立完成换票、安检、登机。参加完第一期学堂，她变得勇于发言，更学会了自己照顾自己的生活。

现在，女儿越来越“老练”，愿意主动分担家务，现在每天给家里蒸米饭（用高压锅），节省了我很多时间和精力。她有时还会专门给我做饭吃，有模有样的。

在我这个妈妈看来，女儿从家务劳动中收获最多的是自信——甜甜的笑容，快乐的心情，不再是一个只会求别人帮助的小公主。同时，通过坚持劳动，女儿现在很乐意帮助人，为家里分担事情。更难得的是，她做任何事情都能有自己的想法了，解决问题的能力有了很大提升，懂得有问题自己想办法。

现在女儿上初三了，学习很努力，成绩不断进步，因为**她明白了坚持的力量**。何老师说过，孩子比大人更优秀，在这两年的学习中，我也越来越体会到并认同这一点。只要坚持，自有收获，笨办法才是最聪明的办法。感恩早悟堂传授我们养活教育思想，给我和孩子带来变化。

（四）进入社会和学校，
引导更多家长成为“早悟父母”

在河南、新疆、湖北、河北、江西等地热心家长和学校的组织下，早悟堂成功举办了多期“早悟少年——养活教育”分享会。何君贤通过讲座式的课程，与更多的家长面对面，影响了一批家长走上养活教育的道路。

家长们很有收获。这里摘录一位姥姥的收获：

何老师的分享，我的感触很深！他教会了我怎么样让孩子有责任感。我原来一直以为他（外孙）只是个孩子，什么都不懂，只有等到他长大了、自己明白了，才会懂事儿。直到听了何老师的分享，直到我开始慢慢引导他、鼓励他自己做，或者自己承担一些事情的时候，我才恍然大悟，原来这个小东西也是有自己的思想和意识的！

这让孩子有了很大的触动，培养和教育真的很重要。以后要从家长做起，把言传和身教结合起来，培养我的小外孙。从我自己做起，去引导孩子养成好习惯。**我不期望我的孩子能成为人中之龙，只希望我的宝宝能健康成长！**作为孩子的姥姥，我也会努力地从自身做起，成为新时代的隔代带孩子的榜样。

（五）更多“早悟家长”的养活教育实践反馈

一位孩子的妈妈反馈说：

我的孩子参加了三期“早悟少年”课堂，我陪同他参加了其中的两期。这三年来，我和儿子都成长了很多。

聂圣哲先生提出的养活教育思想指出：“教孩子做不会做的事情，逼孩子做会做的事情，不断提高改善，让孩子学会独立生活，学会养活自己，这样才能在社会上立足。”我的儿子今年10岁，读四年级，平时在家能够洗碗、刷马桶，每天早上叠被子。

其实，刚开始让孩子做家务时，他是一脸的不愿意，因为他不明白为什么要让他做家务，可能在他心里，做家务是大人的事情。后来参加了“早悟少年”夏季学堂后，他坚持每周刷马桶、洗碗、做菜。

记得第一次让儿子刷马桶后，他对我说：“妈妈，马桶刷得这么干净，我都不舍得用了。”还有一次，儿子边洗碗边对我说：“如果一个人能把碗洗得晶莹透亮，那他一定能达到大师的境界。”看来，孩子已经明白做家务的意义了。

“早悟少年”夏季学堂非常经典的课程有：“学习刷马桶”“我爱做饭”“学会花钱”。让孩子们学会自信，学会养活自己，学会跟陌生人交流。“养活自己，天经地义”，让孩子永远对自己负责。

让我感触最深的是“我爱做饭”课程。当孩子们把菜做好、端上桌时，每个孩子都想马上拿起筷子品尝，但是何老师告诉他们，不能着急动筷子，要等团队一起吃。**要学会忍住，忍住不发脾气，家长们也要学会忍住不发火**，这让我受益匪浅。以前我总是因为一点小事就对孩子发火，控制不了自己的情绪，其实这样很容易让我和孩子之间的矛盾加深，所以我们家长首先要学会控制自己，不发火，学会沉默，这样才能跟孩子保持平等和谐的关系。

我觉得，不论是做家务还是学习，都要学会坚持。其实坚持的道理大家都明白，但要做到真的很难，需要很大的毅力。我的儿子受何老师的影响，坚持每天做课外阅读摘抄、读背单词，当然，中间也有过抵触情绪，想过放弃。但何老师告诉我，家长要学会等待，学会沉默，给孩子一些时间，让他自己思考。我原以为不管他的话，孩子肯定会选择放弃了，但是没想到，一段时间后，孩子选择了继续坚持。看来，他也明白了坚持的意义。

一个参加“早悟少年”夏季学堂的小朋友，在表达他的收获时说：“我觉得我很幸运！”他的家长说：

我想起了在2017年夏天的早悟学堂里，这个瘦弱的小人儿带给我的惊喜与感动。丝毫不夸张地说，开营那晚他上台去自我介绍的时候，我有点哽咽。事先不知道有这个环节，也没有过类似的经历与准备，我心里还在想，轮到他时，他会怎么办？毕竟前面都是比他大太多的哥哥姐姐。没想到，他前面一个小哥哥上去自我介绍时，他就从椅子上“滑”了下来（因为个子太矮，坐在椅子上脚够不着地），把手里的本子和水放下，把肩上的书包摘下，俨然已进入准备状态。人家一走下来，他马上落落大方地走上去。这是我第一次看到他主动地自我表达，简明扼要，声音响亮。

那一周，他带给我太多的惊喜，也让我不断反思，自己对孩子到底了解多少？在亲子沟通中，哪些是正确的、可取的，哪些是无用功，甚至产生反作用了？

还记得学做饭那天，他因为年龄小，工作量比较少，跟可硕同学一起擂鼓、斗孔雀，玩腻了就想去游乐场玩。但出于安全考虑，规定不允许去游乐场。后来我去卫生间，他跟我一起去，走了走边上的独木桥，谁想被另外的小朋友发现了，大声报告，他一下子就委屈地在一旁落泪。我就小朋友的“举报”和遵守规则的必要性安慰开导他，可他怎么都不听。还是何老师发现了他情绪不对，过来跟他聊天，又让小芳老师带着他学切西瓜，分西瓜给大家，这才让他开心起来。很多时候，家长习惯就事论事，却没有发现事情背后的原因，就会费了好多力气却没有效果。平等对待孩子，让他做力所能及的事情，是实现孩子价值的一个通道。我们不应该关闭任何一个通道，做家务就是其中很重要的一个。

家长总是习惯以“我是大人、我是对的、我是权威”的态度来对待孩子，其实孩子某些方面比家长要牛多了，他们有自己的见解。就在刚刚，轮滑课结束，我跟他聊天：

“何老师刚发信息来，征集我们在早悟学堂的收获……”

“我觉得我很幸运！”

“幸运？”我满脑子的问号，心想这小家伙该不会说遇到何老师、遇到早悟学堂很幸运吧？那可是我的台词！

早悟学堂，让我乐于向孩子学习，也让我时常提醒自己换个角度欣赏孩子，平和淡定。

还有的妈妈，在参加“早悟少年”夏季学堂之后，和孩子之间的关系迅速好转。有位妈妈这样描述她孩子的感受：

昨天孩子和她爸爸说了一句话，我瞬间觉得好感动。她说："爸爸，妈妈和我一起去何老师的夏季学堂后，很少发火了。我觉得你有点差距了，你应该也去学一下。"

家长不需要每天大呼小叫的，行动起来，孩子自然也就往着"正道"上走了。

在"早悟少年"夏季学堂的课程中，有非常独特的"我爱做饭"课。何君贤把养活教育渗透到课堂的每一个细节之中。孩子们不仅仅是在学切菜、炒菜、做饭的基本程序，更是在这个过程中学习很多平时在学校、在家里接触不到的东西。

下面这段文字，是一位带着两个儿子参加"早悟少年"夏季学堂的妈妈写的，你能体会到他们一家的收获：

七月酷暑，和两个儿子一起参加何君贤老师组织的"早悟少年"夏季学堂。学堂主题是：养活自己，天经地义。

何老师的夏季学堂是一次学习之旅，紧紧围绕养活教育的主题，教孩子做家务，养活自己，体验生活。何老师用直白的语言和孩子交流，真诚地和家长对话。课堂教学严肃、活泼、有趣，看到孩子们积极踊跃地表达自己，我们很受鼓舞。

早悟堂的课，完全源于真实的生活，何老师常常用生活中的小事情来启发孩子和家长们。一天傍晚，孩子们在农庄学习自己做饭，有的小组做得快，香喷喷的味道瞬间引爆了味蕾，有几个孩子饿得受不了了，何老师及时制止道："等一下，等大家都做好了，一起吃。要忍得住，不吃！以后的生活中要忍得住吃苦，忍得住生气，忍得住不哭……"孩子们都听得懂，忍住了。

忍得住——三字真言。我就经常忍不住：忍不住冷嘲热讽，忍不住大声呼喝、指手画脚，忍不住抱怨，忍不住焦虑。这三个字，值得好好修炼！

小儿子性格热情直爽，有时候处理问题有些鲁莽，这三个字对他可谓金玉良言。回到家，饭桌上他总是会先说："我忍得住，不吃，长辈先吃。"和同学闹矛盾，他也忍得住，不动手。

大儿子的学习一直是令人头疼的事情。假期结束时，他主动找我和他爸爸谈话，给自己定下了目标，学习变得主动了，积极竞选班委，令人刮目相看。这是我们双方学会了平等对话的结果，我们鼓励他坚持，“持之以恒，必有收获”，同时也提醒自己，要坚持地鼓励他。

早悟堂的学习内容广泛，对社会关系、家庭关系和个人修养都是很有益的。我不求完美，但任何时候，不管发生什么事情，我都不允许自己灰心丧气。

让我们共勉，坚持改变。

“早悟少年”夏季学堂，一个前后只有七天时间的训练，要让家长和孩子都有收获，是很不容易的，尤其是在眼下，多数的家长不愿放手、不敢放手的背景下。何君贤把我提出的“不是不管，而是给孩子自强的空间”明确地向家长和孩子们提出来，让孩子体会到了自强的力量。

下面是一位妈妈，同时也是一位优秀的小学班主任老师的感想摘录：

“爸爸是好家长，妈妈，你有时候是不合格的家长！”女儿略带一丝骄傲又毫不客气的口吻刺痛了我。

我既是一名小学语文老师，又是一名班主任，是广受家长好评、领导和同事肯定的那种老师。女儿基本上是我一个人带大的，为什么爸爸在家才一年，两人从“早悟少年”夏季学堂学习回来，她就给我当头一棒？那时，我很遗憾没有加入何老师的夏季学堂去学习。

接下来的几天，在与她爸或长或短的交谈中，我得知早悟学堂的一些核心教育思想，诸如“养活自己，天经地义”“学会对自己负责”等，让我不禁陷入了反思之中。回想带孩子的这十来年，特别是孩子上了小学以后，我总是从自己的职业习惯出发，把最好的安排告诉她，并要求她做到。虽然她一直表现乖巧，学习成绩优异，但我也隐隐担心：到了初中、高中、大学，到了我不能为她安排的时候，该怎么办？可让我现在就完全放手，我又怕她无所适从，学习成绩一落千丈，从而丧失学习兴趣。**女儿越来越大，越来越需要独立的时间和精神空间，而我却一直处于一种知道要放手却不敢放的矛盾状态。**她对我提的要求经常表现出不满，那是我挫败感最强烈的时刻。

今天她直言不讳，说我有时候是一个不合格的家长，大概是得到夏季学堂中何老师的“点化”，于是对我提出了抗议。她爸也在旁边给我加油：“现在还是小学阶段，是放手的最好时期，就算暂时的结果不好，也在我们的可控范围，必须要放手啦！不然，以后怎么办？”

我决定让她学会对自己负责。要孩子学会对自己负责，首先家长要忍得住。

花盆里长不出参天松，庭院里跑不出千里马。愿更多的家长能够接触到早悟学堂，领悟养活教育思想，改变自己落后的教育方法，给孩子更多的时间和空间。

何君贤组织实施的“早悟少年”夏（冬）季学堂，白天的每一个活动环节，晚上的每一堂课，都把“望子成龙，不如盼儿平安”“养活自己，天经地义”的养活教育观，非常恰当地融入每一个细节中，在短短七天之内，让孩子们发生变化，让家长们产生触动。

下面这段，摘自一位刚读小学的孩子妈妈的分享：

记得是夏季学堂的第二天，我们早餐正好跟何老师一桌。何老师来得早，吃完饭，他把餐具规整好，码在一起，然后说：“你们慢用，我先走了。”等到我们吃完饭，没想到小朋友竟然学着何老师那样，也把自己用过的餐具都规整好，放在了一起。前一天可不是这样的！当时我的心里暖暖的，**身教强于言传**，家长需要跟孩子一起学习、成长。

“学会对自己负责”是我最近的口头禅，既是说给孩子听的，更是说给自己听的，时时刻刻提醒自己。进入小学，跟幼儿园是有很大区别的，比如有了课程表，每天都要准备第二天上课要带的书本。这两天我都没有提醒他，他自己很自觉地把要削的铅笔都削好，然后对照课程表准备书本，不认识的字就来问我，比如“体育”，他会说，这字念什么啊？我怎么没看见有这本书啊？我都会耐心地解答。

这就是要**学会对自己负责**。

“早悟少年”的假期家庭学校，面对全国各地、各种类型的家长，在养活教育的社会实践方面有了很多的突破和探索。何君贤从突出“养活的力量”来进一步启发和引导孩子，从而带动家长参与到养活教育的行动中来。

下面是一位“早悟少年”2018冬季学堂学员的父亲的反馈，我们可以从中感受到“养活的力量”：

孩子今天终于鼓足勇气，开始尝试养活自己的行动了。早上6: 20就起床，给大家熬粥、炒鸡蛋，白天坚持看完了一本书，作业也自觉做了，虽然中间有点不耐烦，但还是坚持下来了！晚饭做了三个菜，煎牛排、炒青菜、炒萝卜丝。左撇子切萝卜丝有点困难，虽然切得不太美观，但坚持切完，他还是特别开心的，萝卜丝炒得超好吃！

孩子参加这次课堂的心路历程是这样的：一开始他不愿意参加，猜想应该和以往其他的培训班一样，都是套路。但是慢慢地，他觉得不一样了，从接受，到认可，到敬佩，到感悟，再到今天的实践，“养活教育——**养活自己，天经地义**”，已在他心里留下了种子。

感谢老师们的辛苦付出！没想到这样的孩子也能发生改变，谢谢！他说下次还要参加。

孩子的父亲最后还说：

非常遗憾，我们父母没有一起参加。现在发现，更应该学习的还是我们大人。

何君贤的“早悟少年”学堂，不仅影响了孩子和家长，也影响了一批义工。2018冬季学堂，有一位高中生来做义工。她是“早悟少年”学堂的老学员，通过“早悟少年”取得了很明显的进步。

这位高中生小义工这么说：

今天是作为义工正式工作的第一天，我深深地体会到了义工的不容易，可以说真是太累了！作为一名高中生，直到亲手负责了一项具体的工作，才真正体会到了大人工作的艰辛。虽然累，但我从中学到了很多。

何老师上午的课程也让我慢慢明白了，人的成长，大概都要经历从天真懵懂到渐渐懂事，从渐渐懂事到真正成熟。只是，我还需要搞清楚自己现在处在哪个阶段。

聂圣哲先生提出养活教育，提出养活自己是天经地义的事情，我确实需要学会对自己负责了，总不能一直当个巨婴。现在我才明白，真的没什么捷径可以走，我醒悟得似乎有点晚，但似乎也不算太晚，因为何老师一直鼓励我们——**不论在什么时候开始，重要的是开始之后，就不要停下。**

第一次以义工的身份参加早悟学堂，才发现那些小同学有时候真的很棒，他们虽然年龄小，但很纯净、勇敢、努力。在今天的刷马桶环节和做饭环节，我都看到了他们的勇敢和努力。

我也应该突破自己。养活教育告诉我，真正要去努力一把了。

（本章原始资料由早悟堂提供）

诧楷执行学院

（一）为什么要办诧楷？

我一直在思考平民家庭的“教育收获”问题。也就是说，一个平民家庭，通过教育，应该要能提高收入。换言之，孩子通过有效的教育，不仅应该能养活自己，还要能改善家庭的经济条件。

有那么多不适应普通学校教育的初中、高中毕业的孩子，或辍学在家，或被迫随便找个职业学校，或直接就闯社会去了。我想寻找一种适合这样一群孩子的养活教育模式，创办一所有针对性的学校，让他们能更好地养活自己。

2008年，我的学生虞梦从美国学成归来，我便询问她是否愿意来办这样一所学校，她一口答应了。经过与虞梦的商量，我决定办一所小型的酒店管理学院。

（二）诧楷名字的由来

我找到了多年的好友袁伟明先生。

袁伟明在担任纽约一家希尔顿酒店的总经理时，应美籍华人马海德先生提议，来中国帮助建立现代酒店管理星级体系，他获得国务院颁发的“中华杰出爱国人士奖”、外国专家“友谊奖”等多项荣誉，后来还担任广州花园酒店的总经理，八年时间，他把一家年亏损800万元的酒店经营成了年盈利3000万元的酒店。袁伟明很支持我的计划，特意把他的老师，世界顶级酒店品牌丽思卡尔顿（Ritz-Carlton）的联合创始人，年逾八十高龄的高杰洪（Colgate Holmes）老先生从美国请来了。

筹备妥当，经讨论，学院就以高杰洪的英文名字命名：Colgate Holmes Academy，简称CHA，拼音和汉字“诧”对应。诧字，右边是“宅”，宅子，左边是“言”，代表语言与人文关怀。有人文关怀的酒店，才称得上是一所好酒店，才能成为行业楷模——校名的第二个字“楷”，就由此而来。就这样，“诧楷酒店管理学院”诞生了。

高杰洪、袁伟明师徒又引荐了酒店管理专业课程的合作伙伴：美国酒店协会教育学院（Educational Institute of American Hotel and Lodging Association）。这所学院成立于1953年，最早建立了酒店管理职业认证体系。全世界有13000多家酒店集团认可它的资格标准，全球3000多所大学和学院使用它的教材，其中就包括知名学府美国康奈尔大学和瑞士洛桑酒店管理学院。现在，诧楷已经是美国酒店协会教育学院的全球学术合作伙伴（Global Academic Partner）。

（三）诧楷十四年

十周年院庆时，诧楷酒店管理学院发表了一份《诧楷执行学院更名说明》：

诧楷酒店管理学院自2008年创立至今，整整10周年了。

这10年来，我们用事实向全社会证明，诧楷酒店管理学院已经跻身中国最好的顶级酒店管理学院行列。这让我们颇感欣慰——在当下，办好一所大学是多么的不容易，更何况，短短10年时间，我们把诧楷酒店管理学院办成了同类院校的佼佼者。

一个重要原因是，我们挖掘了同学们除考试能力以外的能力。通过全院上下的共同努力，同学们在酒店管理与服务能力上得以尽情发挥，在接受专业训练与掌握理论知识的基础上，充分结合实战，使每一位同学不仅能成为酒店管理专业的行家里手，而且在工作中尽显个性、一枝独秀。

这10年来，我们的毕业生受到极大的欢迎，基本都在国际品牌五星级酒店就业。我们三年制的学生在同样的岗位上，各项表现都远超其他院校毕业的研究生。甚至可以这么说，诧楷酒店管理学院学生的水平，是其他国内各层次院校的学生所不及的。这是我们的荣耀。

另外，我们也有一部分学生毕业后去了非酒店行业的其他机构，从事各方面的管理或助理工作，同样表现突出。他们之所以能胜任这些工作，与诧楷酒店管理学院除了严谨的基础专业教学以外，还注重对学生扎实的人格培养、一言一行的形象树立、注重细节的作风养成等等，都是分不开的。

因此，我们决定，在诧楷酒店管理学院新增执行官系。从2019年起，诧楷酒店管理学院的中文译名也相应地调整为诧楷执行学院。原英文名称保留，不作更改：COLGATE HOLMES ACADEMY。学院下设两个系：执行官系（Department of Executive Officer），酒店管理系（Department of Hospitality）。

新增设的执行官专业，是全国乃至全球首创。这个专业的学生，在修完国际酒店管理专业的必修课程后，按照国际标准，在系统学习最新管理知识、训练管理实务的基础上，还将在实际工作场景中学习机构的衣食住行安排、机构人员公务出行的行程优化、谈判的预约与落实、会务的规划与组织等专业技能。执行官专业的毕业生，既可以胜任高级文员职位，也可以辅助各级领导进行综合管理，发挥专业特长，还可以独当一面从事管理或销售工作。

新的诧楷执行学院，继承了诧楷酒店管理学院“微型一流，顶级领军”的传统，规模仍然保持微型——在校生300人左右，因为要把这样的事情办好，只能保持这个规模。

（四）诧楷是怎么上课的

诧楷借鉴了教育强国如芬兰等国的经验，废除课程式教学，采取实际场景主题教学。比如我们的“初识美国”课，基本是由学生自己来上的。看看这门课是怎么上的：

1. 先自由竞选课代表和负责拍摄课堂照片的摄影师，竞选者要上台做一分钟的即兴演讲。

2. 由课代表给同学们分组，每组6—8人，要求男女生比例均匀，实力（演讲、PPT制作、查找资料等）均匀。

3. 分组后，每组选出一名组长、一名副组长。

4. 明确这门课的目的：在32课时结束后，所有同学都能说出“为什么美国是目前世界第一大国”。

5. 组长带着组员讨论并确定：分哪几个方面陈述、陈述的顺序以及时长分配。

6. 课后，根据各小组所负责的主题（比如，美国的总统是怎么选出来的），组长给组员作具体的分工，组长负责记录组员在小组会议和工作准备中的表现。

7. 每组按顺序向全体同学演示他们的主题，形式不限，如演讲、视频，甚至自己写剧本表演。在这个过程中，其他同学和老师可随时提出问题。

8. 各组演示完毕，每个同学向大家分享自己在这个过程中的收获。

9. 一学期课程结束后，每位同学上台分享自己对美国的看法。

诧楷还实行校外项目制教学法。从2019年11月开始，学院在执行官专业全面实施“项目教学法”，项目地点为安榭酒店集团旗下的苏州李公堤安榭度假酒店苏一餐厅（人均消费500元以上）。我们的学生要负责整个餐厅从自助西式早餐、中式午餐、下午会议、茶歇，到晚上中式包厢服务、宴会厅自助餐的全程服务。

学生们先在学校完成理论和基础实操课程，然后以指导老师带组的形式进入项目。小组成员的安排，实行陶行知先生的“小先生制”，以老生带新生。通过这样的项目教学，学生们大大提升了动手能力、抗压能力、应变能力和解决问题能力，在毕业前就彻底过了“服务意识和应对突发状况”这一关。

诧楷还是一所全国罕见的由学生自行管理的学

院。自行管理，正是在课程表上看不到的一门重要课程。学院常设商业组（负责面向全校师生出售零食、饮料、自制早餐、下午茶点等）、卫生组（保持学校始终处于整洁状态，诧楷不设保洁人员）、DJ组（负责课间音乐播放）、接待组（负责向所有来诧楷参观的客人介绍学校，并做好茶水服务）等。这些小组，全部由学生自行竞选组长，自行运营管理。

诧楷的所有活动，从新生报到、开学典礼、毕业典礼，到感恩节文艺汇演、技能大赛、知识竞赛、英语演讲比赛、每月月会，再到校外的国际丝绸展服务、国际纳米展服务、志愿者服务等，全部由学生自行筹备、组织。

在诧楷，这些都是项目制教学的内容。各小组、各活动都配备有指导老师，负责观察、记录同学们的表现，给予及时的指正，并定期协助组长复盘。

诧楷还有一个特殊的岗位：GM，General Manager，总经理。我们来看一位GM每天早上的工作。

今天的GM是2015级的沈颖，她和她的徒弟，2016级杨舒然，她们的任期是一周，今天是第一天。

6：45，沈颖带着徒弟抵达学院，边走边把学院的灯和空调全部打开，并向徒弟讲解空调的温度及风量设置（在诧楷都有严格的规定）。

开完灯，沈颖抵达办公室，打开空调并取出一大串钥匙，交代徒弟对照课表把今天要开的教室名逐一记在随身携带的小本子上，让她独立去开门，自己则去教师办公室拿水壶、打水。水壶打好后，用小毛巾把水壶擦一遍，不留水渍，让老师们到校就能喝上一口热水（这是学院一直强调的“在意他人”的好品格）。

不一会儿，徒弟回来，沈颖带着她逐一查看刚打开的教室，每间教室都要检查门是否全部打开，灯和空调是否正常，把注意事项逐条关照徒弟。

6：50，商业组下属的早餐组开始工作。沈颖推门进去，检查值班人员是否到齐，并提醒早餐组组长打开抽风机、关好门，防止油烟味散到走廊里。

7：00，吧台值班的同学到达，开始打扫吧台。

7：30，吧台打扫完毕，沈颖带着徒弟检查吧台卫生。诧楷对卫生的要求与国际品牌五星级酒店的标准一致，两人检查得非常仔细，特别注意了容易被忽视的台灯底下、期刊底下、杯子内部等。

7：40，沈颖带着徒弟检查两个卫生间，擦手纸、卫生纸是否需要补充，可回收垃圾桶内是否有非可回收垃圾。

7：45，早餐组开始送餐，预订早餐的同学陆续到达学校开始就餐。沈颖和徒弟查看送给老师们的早餐是否无误。

7：50，沈颖和徒弟查看早餐组是否将工具、用品归位，卫生是否打扫干净。

7：55，沈颖和徒弟分别回到各自的教室，准备一天的课程。

这也是诧楷的课程之一。

（五）诧楷的毕业证书

时代正发生巨大的改变，社会评价体系在加速更迭，明显的表现之一，就是学历在贬值，能力在增值。谷歌人力资源运营部高级副总裁拉兹罗·博克（Laszlo Bock）发现，学历这一指标越来越不能代表一个人的真实水平。如今，谷歌有15%的员工没有大学文凭，谷歌也不再要求应聘者提供大学成绩单，甚至应聘要求中都找不到“大学”这两个字。

我们设计了一个学位：艺士学位，Technology & Skill Degree，简称TSD，是给三年制技能本科合格毕业生颁发的学位。诧楷的毕业生也是全国第一批获得此学位的学生。必须说明的是，这一学位已经得到一些国外机构的承认，但我国教育部目前暂不承认。

诧楷的毕业生还会获得美国酒店协会教育学院颁发的“款待业管理基础课程证书”（Hospitality Fundamentals Certificate），这个证书是进入世界各国五星级以上酒店工作的敲门砖。

（六）大二学生就被美国州政府录用

用人单位的反馈，是检验教学成果的最好标准。

诧楷目前的实习合作单位包括洲际酒店集团、香格里拉酒店集团、万豪国际集团、雅高酒店集团、丽星邮轮集团、歌林小镇等。随着执行官专业的开设，诧楷已经收到全国各地企业的实习和就业邀约。

苏州洲际酒店的总经理郭俊烃先生说，之所以对诧楷如此情有独钟，是因为他发现在洲际实习的十个优秀员工中，有七个都是来自诧楷。

诧楷的第一批执行官学员在歌林小镇的实习岗位是店长助理，工作内容包括辅助门店店长筹备新店、负责制定SOP（Standard Operating Procedure，标准作业程序）、新员工培训、行政及采购等。

下面这个案例更能说明诧楷的教学水平。

一个偶然的机会，美国驻沪领事馆农业领事高瑞恩先生一行来诧楷参观。整洁的校园，学生自信的讲解，高标准、小班化的专业教学，给高瑞恩领事留下了深刻印象。他说，诧楷执行学院是他见过最特别的学院，每年只招收100名学生，更令他惊奇于办学的精致。

2018年5月，诧楷执行学院五名在校学生在通过领馆的面试后，在中国国际食品展的美国馆服务。在为期五天的服务中，诧楷学子不仅为美国展馆的展商提供了周到的服务，还得到了美国农业部副部长泰德·麦金尼（Ted McKinney）的表扬。活动结束后，美国驻沪领事馆农业领事高瑞恩先生专门给每个学生和诧楷寄来了感谢信，高度赞扬“诧楷的学生表现出的高度专业性和服务意识”“学生们为美国馆展览的成功提供了大量帮助”。诧楷也成为美领馆的展会服务合作伙伴。

诧楷执行学院很快接到了美领馆的邮件，受邀为美国驻沪总领事谭森先生（Sean Stein）的公务宴请提供服务。从2018年9月起，到2019年6月13日，诧楷执行学院为总领事提供了11场各类服务，其间，美国驻华大使特里·布兰斯塔德（Terry Branstad）热情接见了诧楷执行学院部分同学并合影，以感谢同学们出色的服务。

2019年3月，美国驻沪总领事谭森（Sean Stein）先生一行来到苏州波特兰小街（诧楷的校外教学基地，波特兰市与苏州市是姊妹城市）参观，并专门与诧楷执行学院的在校学生进行了交流。当总领事了解到诧楷的很多学生都是被学校定义为“差生”的时候，非常惊讶，他对诧楷执行学院以价值观、综合能力和专业技能三项合一的金字塔教育理念大加赞赏，认为诧楷执行学院是一所真正意义上的现代化大学（虽然规模小）。

2019年7月12日，诧楷执行学院接到美领馆的面试邀约，希望学院为美国爱达荷州州政府中国代表处推荐一名商务助理，工作职责包括：行业信息收集，市场分析，组织各种中美政府间的交流活动及企业间的合作，接待各类代表团包括州长访华。同时告知我们，这个岗位他们已经面试了不少985院校的毕业生，都不太满意。

诧楷执行学院2017级学生张江点乔（二年级）联系对方，与对方预约面试时间，并在2019年7月15日到上海参加了第一轮面试。面试通过后，对方安排张同学立即开始为期一周的第二轮面试，也就是试用工作一周。

第二轮面试通过后，美国爱达荷州州政府中国代表处首席代表向诧楷执行学院表达了谢意，感谢学院为她推荐了一名优秀的员工，并表示对学院的培养理念非常赞同。诧楷又接到美领馆的面试邀约，希望我们为美国在中国的各类机构推荐优秀员工。

（七）诧楷的教育带给孩子们什么

诧楷执行学院的毕业生由于牢牢掌握了解决问题的能力，就业率达到100%——供不应求。

就业率和就业层次是我们衡量诧楷执行学院养活教育落实情况的一方面，家长的满意度则是另外一方面。下面，摘录三位家长的反馈和一位同学的感想。

2016秋张艺哲同学的母亲在毕业典礼上的发言：

我是诧楷执行学院2016秋张艺哲的妈妈，我的名字叫刘群慧，来自陕西省汉中市。

今天非常荣幸，作为家长代表和大家一起分享心中的喜悦。此时此刻，我内心还有一份小激动，那就是因为张艺哲同学从小学到高中，我从没被他的学校邀请参加过除家长会以外的任何活动，反倒是因为他的学习成绩和另类的个性等原因，常被老师点名叫家长去聆听训话，可想而知，三年前的我是如何在希望、失望、痛苦和煎熬中度日的。而今天，我眼前的张艺哲却是一个充满了阳光、自信，成熟稳重，懂得感恩，有责任有担当的大男孩，一切的变化都是他来到诧楷执行学院后发生的。不得不说，这样的学校真了不起，它能化腐朽为神奇，简直是家长眼中的一所魔法学校！

我现在还清晰地记得，2016年9月他的开学典礼，我在家长群里观看直播，当我看到他的上一届学长们个个脸上洋溢着青春的笑脸，自信大方的眼神，朝气蓬勃、有礼有节的精神面貌时，我心里那个羡慕呀，多希望我的孩子也早点变得像他们一样优秀呀！转眼三年过去，这一天终于到来了，张艺哲没有辜负我的期望，他也真的变得像学长们一样优秀。他在诧楷执行学院，通过老师们的不断鼓励、指导和帮助，不断地鞭策自己、挑战自己，坚持不懈地努力付出，获得了学校授予他的奖学金和各项荣誉，这在以前的学校，是我想都不敢想的事情，所以说，他的变化简直是脱胎换骨！这一切都是因为我们选择了诧楷。之所以选择它，是因为我们在入学前与其他大学做了深入的对比研究，发现这个大学有着以下几点其他学校不具备的独特之处：

1. 学校倡导践行十一字价值观——诚实、勤劳、有爱心、不走捷径。

2. 学校严格的纪律管理制度，比如上课迟到、早退、旷课，仪表仪容不规范，下课座椅不归位，宿舍卫生不达标，等等，都会被扣学分。

3. 学校要求每个学生积极、自愿参加各种小组团体活动，公平竞选班干部和组长，并给予积分奖励。

4．学校要求所有学生每天写学习日志，总结进步与不足，并按时汇报给班主任审阅指导。

5．学校每周末开设养活教育课程，从食材的播种、施肥、松土、长成、采摘，到厨房的烹饪，全部由学生独立操作完成。

6．上课采用小班制教学，每班不超过30人。

7．学校要求每个老师在最短时间内记住每个在校生的中英文名字，无论是不是自己带班的或代课的，目的是让每一个学生知道，老师是尊重和重视他的存在的，让平等友爱在师生之间互相传递。

8．学校的教育理念非常独特，老师们不仅教授他们过硬的专业知识，还教会他们在工作和生活中如何细致周到地在意他人、服务他人，如何独立思考，如何面对问题、解决问题，如何策划活动，如何执行落实，如何总结经验教训，如何养活自己，等等。

试问，以上八点，哪个大学会重视呢？以我多年对大学教育的关注和了解，这些应该都是被他们忽视的那一部分。

下面我说说，张艺哲是如何走进诧楷，在诧楷又是如何蜕变的。

记得2016年5月份，他正在上高二，那段时间他突然不愿学习了，像是受了刺激，情绪很坏，他说他不想上学了，让我给他转学，原因是班主任看他时老是黑着脸，嫌弃他成绩不好，还影响学习好的同学。他觉得太受打击了，再上下去，也考不上好大学。当时我听了好着急，不知道该怎么办。正在这时，朋友给我推荐了诧楷，我们全家立即来到学校，通过参观、听课、笔试、面试，他顺利地被录取了，但是当我把这个好消息告诉最关心我的姐姐时，却遭到了她的强烈反对，理由是这所学校不是公办的，文凭也不是本科。我再三解释，她依然坚决反对，甚至说，如果我一定要送孩子去，她就和我断绝姐妹关系。看到她这样固执，我依然下定决心去这个学校，因为我相信自己的判断，相信这所学校的口碑和实力。就这样，张艺哲成了2016秋的新生，事实证明，他这三年真的非常认真，非常努力，踏实、出色地完成了所有专业课的学习和实操课的技能训练，第三年还顺利面试得到了苏州洲际酒店的管理培训生岗位，通过一年的实习，他成功转正并晋升前台领班。我在想，为什么会如此顺利呢？就是因为酒店方认可诧楷执行学院培养出来的人才，他们能够把学校教的专业知识和做人做事的细节功夫运用到实际工作中，这样的人才，走到哪里都有用武之地！

所以说，诧楷这所学校是真正意义上的教孩子做人做事的好学校，他们务实、严谨的教学风格深受家长和孩子们喜欢，他们能把公立学校老师眼中的差生、问题生教育得如此阳光自信、有礼有节，这就是最好的教育！

2018春预科班郭沛叶的“变形计”：

我是诧楷2018春执行官郭沛叶的妈妈，家住江西吉安。

原来，人是可以发生翻天覆地的变化的！在我儿子郭沛叶就读诧楷执行学院之前，面对孩子的种种问题，我陷入了长期的焦虑、暴躁、痛苦和无助之中。那时候看湖南电视台一个叫《变形计》的节目，我幻想节目里的孩子就是自己的儿子，能通过节目中那种农村城市互换体验模式，变得懂事听话。

回望过去我和儿子之间发生的事情，直到现在还让我惊出一身冷汗。作为家长，怕开家长会，怕接到学校老师的电话，最令人尴尬的是被叫到学校办公室，听着老师训斥、数落自己的儿子。儿子面对家长和老师的高压，选择撒谎，甚至逃学。他在打架、抽烟、飙车、玩游戏的自我放纵中寻找自己的存在感。在我眼中，儿子是一个外形驼背，冷漠无感，充满敌意，内心颓废、自卑的不良少年。在儿子眼中，我是一个随时情绪失控的更年期大妈。我们娘俩陷入了一种恶性循环的死结，一个焦虑到歇斯底里，一个漠然到无动于衷。

在孩子临近中考的时候，我看到了一根救命稻草。我听说在苏州有一所学校，一位朋友的孩子去了那所学校之后，改变后的样子就是我期望中的样子。我决定让儿子去这所学校，从预科生开始读起。谢天谢地，儿子在去苏州读书这件事上没有和我发生分歧，而且很配合地完成了学校的面试并顺利通过了。

第一年寒假孩子回家过年，我就感觉到了他的细微变化。他主动到厨房学习做饭，洗菜洗碗筷，并在我下班之前把米饭煮好。我们去亲戚家拜年做客，他能够主动打招呼，甚至帮着端茶倒水。

惊喜的变化随着在校时间的增加，也一日、一月、一年地增长着。

他意识到了自己之前是多么的离经叛道，真心向我们道歉。每次在街上看到和曾经的自己相似的少年，他都会感慨地说，想想以前自己这么浑，真想打自己耳光。

我开心地看到，现在的儿子阳光自信，腰背挺直，面带微笑，能热情大方地跟人打招呼，愿意和父母交流自己的想法。学校“诚实、勤劳、有爱心、不走捷径”的价值现已深植于他的心灵深处，成为一种为人处世的习惯。眼里没有了漠然，多了温和，多了有亲和力的笑容，孩子的心打开了，成熟了。做事情会考虑到他人的立场，学会了自我管理，开始有了独立思考的习惯，不再随意放纵自己，自我意识里多了责任感。责任感，让孩子有了主动付出和积极行动的活力，现在孩子自己的事情都是由他自己处理解决的，家里有什么事情，我也会很放心地交给孩子处理。孩子在感恩节、父亲节、母亲节给我们写信，并亲热地称我为“姐姐”（我真有点难为情），为自己的过往感到痛悔，体谅到父母的辛苦，愿意用今后的努力回报父母，并利用假期兼职赚钱买礼物送给父母、长辈。

拿孩子进诧楷前后的照片对比，我发现他的面相发生了很大改变。现在是一个帅气十足、阳光向上的暖男（大家都这么说哈，不是我自夸），面相的改变诠释了什么是相由心生。**诧楷这所学校充满了爱、尊重、自由、平等、信任，以及“在意他人的存在”的善良。**

去年春节，儿子的表姐（从小到大都是学霸，考上了一本院校）大学会计专业毕业后找不到工作，托我帮忙。我联系了朋友的公司，正好有一个办公室文员兼出纳的职位，试用了一天后，她没有被录用。我当时特别诧异，从小到大，这个女孩在家族里都是被表扬的那一个，而我儿子一直是反面教材。朋友告诉我，这个孩子“眼里没活”，不会与人沟通，做事都要等着别人叫，没法用。朋友对我的儿子却情有独钟，因为有一次吃饭，儿子不像别的年轻人只顾玩手机，而是主动为全桌的人端茶倒水、递纸巾，提供各种服务，还非常有礼貌地和大家一起交流，所以朋友希望我儿子毕业后能够去他那里工作。

儿子去年暑假主动去银行里找兼职，其间有一次接待行长一行。行长走在前面，后面跟着一群办事人员，我儿子抢在前面，为大家拉门。行长走过之后又转过身来问，这个年轻人是谁？新来的吗？太优秀了，我已经很多年没见过主动为别人拉门的年轻人了。这家银行还专门给我们打电话，希望我儿子毕业后能去那里工作。

从2015年9月入学诧楷预科生到今天，将近5年时间里，孩子实现了由内而外的“变形”，我幻想成真，谈起他时不再痛苦焦虑，而是眉飞色舞，心情愉悦。学校的养活教育让我对他的未来也不再担忧。

一位学生父亲的微信留言：

虞老师好！刚刚儿子给我打电话，祝我明天父亲节快乐。这是他几年来，跟我说话说得较多的一次。我前些年一直在海外，他上初中的时候没能很好地带他，他的成绩一直不好，因此整个初中、高中阶段，他的生活都是很灰暗的，被老师歧视，被同学看不起。但是**诧楷让他感受到了心底一直渴望的东西，是什么呢？信任、尊重、包容，一个字——爱**。他特别提到了您和班主任老师给他的鼓励、给他的机会、给他的信任。孩子说到最后，我听见他在电话那头已经哽咽了。我看到孩子这两年发生的巨大变化，心里充满了感谢。当初去你们学校的时候，我们没有别的选择，但是孩子在你们学校，你们的爱，修复了他多次被伤害的心。

2018级刘俊辰同学的双周报：

这段时间的经历是不可忽视的。我个人其实并没有明显感觉自己比以前有很大的改变，我平时也只能感觉到自己做事方面有了大的进步，但是性格和说话方面，并没有什么感觉。直到最近，我和以前的一位高中同学聊了聊近况，对方说，从我的话语中感受到了比以前多倍的稳重与成熟。

她说很羡慕我这样的生活。尽管她是我们当时公认的大学霸，但是她告诉我说，日复一日枯燥的学习让她有了太多的烦躁。她很羡慕我这样，能够在学校里作为组长筹备活动，能够得到这样的锻炼。她本性是一个很活泼的女孩子，所以对诧楷的教学理念非常喜爱。尽管她现在在国际知名的加拿大UBC（University of British Columbia，不列颠哥伦比亚大学）上学，但是UBC也有很多比不上诧楷的地方。UBC教的是过硬的专业知识，但也仅此而已，而诧楷教授我们的是以后走上社会必备的东西，这也是非常非常重要的知识。

就像我同学说的，我相比之前成熟了太多太多，说我相比以前更加地温暖了，这些都是需要一定的经历才能够获取的改变。幸好，在诧楷的时光我没有荒废，能够有这么大的改变，让我感到深深的自豪。在以后的日子里，我一定要抓住每一个机会，不浪费任何能让自己有所进步的机会。

如果不是和老同学聊天，我也许还看不见自己有了如此大的改变，希望以后在诧楷和实习项目中能够收获更多的经验与成果。就像老师们说的那样，做一个温暖而强大的人。

（本章原始资料由诧楷执行学院提供）

苏州工业园区外国语学校的养活教育实践

谈到养活教育在校园内的实践，我要谈谈苏州工业园区外国语学校。

苏州工业园区外国语学校，坐落在苏州工业园区金鸡湖东侧，是一所集国际幼儿园、国际小学、国际初中、国际高中、国际大学预科为一体的寄宿兼走读制学校，面向中外籍学生同时招生。学校结合中西方教育的优势，引进国外先进的教育理念和课程，注重学生身心健康、终身学习和贴近社会需求，坚持突出外语特色，开展丰富多彩的选修课程与社团活动，让学生的各种能力得到锻炼，培养走向世界的人才。学校在高起点、高标准的建设基础上，用一流的教育质量和完善的教育服务，培养“完整的人”。

苏州工业园区外国语学校的创始人兼董事长张

永红女士，是一个认同并带头实践、推进养活教育的人，这些年来，该校在张永红的带领下，在养活教育实践方面取得了多项成果，不仅赢得了家长的赞许，也得到了各级教育管理部门的嘉奖，获得了社会各教育机构的赞誉。

苏州工业园区外国语学校，是在校园内系统实践养活教育思想的代表性学校。在这个过程中，该校做到了有方向、有目标、有计划、有行动、有结果。学校所推进的一系列养活教育实践活动，不仅对学生和学生家长非常有意义，而且对其他学校也有很多实操性的借鉴价值。

（一）乐木课堂

2015年9月，学校开创性地设置了“乐木课堂”。做木工活，首先可以锻炼学生的专注力和耐心，因为做木工是很费时间和耐心的，必须全神贯注才能处理好细节。其次，可以激发孩子的求知欲。虽然不少学校都开设了劳技课，但是学习并不系统，学生动手的机会很少。学校开设了这门课之后，学生的积极性很高，既参与了手工劳动，又从做手工的过程中体会到了乐趣。另外，手工课程不仅可以锻炼学生的动手能力，还可以锻炼动脑能力，因为木工是包含了很多物理原理、知识在内的劳动，有利于有效检验学生所学到的知识。木工活做得好，孩子还可以获得成就感，而孩子都是非常渴望被肯定的。

为此，学校投资建立了专门的木艺教室，内含机械操作区和手工操作区。在机械操作区，台锯、带锯、台钻等木工机械一应俱全；在手工操作区，20多张木工工作台一字排开，挂架上几百种木工工具整齐有序。学校特别聘请了有30多年木工经验的吴永建师傅主持乐木课堂，同时挑选青年教师拜师学艺，将现代教学理念与传统技艺有机结合起来。

李锋以前教美术，现在是乐木课堂的一名指导教师。在李老师看来，乐木课堂与传统课堂不一样，老师在讲授操作要领和规范后，不布置具体任务，而是由学生或独立，或团队合作，发挥想象力，创作出真正属于自己的木工作品。在老师的指导下，学生们开动脑筋，把课堂上学到的数学、物理和美术知识有机地运用在木工制作中。比如制作猫舍，老师就会引导学生去学习很多知识，包括设计图纸，了解气候，了解什么材料能防水，怎样的结构更牢固，了解猫的体形和习性，计算猫舍的体积，等等。

乐木课堂不仅让学生学会了运用知识，锻炼了动手能力，也让他们收获了温暖、合作与成长。乐木课堂的开设，使当时初二（1）班的学生黄琦珍萌生了给妹妹做一个小木凳的想法。这个小小的想法，很快成为全班同学共同的愿望，正是在大家你伸手锯一锯、我帮忙锉一锉的过程中，小木凳制作完成了。在乐木课堂，学生们看着自己精心设计、打磨、制作出来的小作品，那种快乐是发自内心的。

如今，在物理教师、美术教师和木工教师的跨界组合、联手努力下，激光打印、三维雕刻等新技术也被逐步引进到乐木课堂，这些现代工艺为课堂注入了新的活力，乐木课堂已经成为全校学生最喜欢的课堂之一。

（二）乐植课堂

除了乐木课堂，学校又开发出了“乐植课堂”。在乐植课堂，每个班级一块自留地、一棵果树，班上的孩子自己负责从蔬菜瓜果的选种、种植到收获的全过程。收获的蔬菜，由一两位同学认领回家，做出成品，第二天带回班级和大家一起分享。

（三）养活教育“行知合一班”

养活教育的核心内容之一就是做事，于是，继乐木课堂和乐植课堂之后，苏州工业园区外国语学校“行知合一班”也成立了，由各年级各班自愿参加的同学组成，同学们平时在各班上课，课余时间由张永红校长亲自上这门养活教育实践课，同学们都亲切地称呼张永红为“红姐”。

从行知合一班引入养活教育理念开始，学生的书面家庭作业逐步减少，代之以回家做一道菜、洗一次碗、收拾一次房间，或者帮爸爸妈妈做一件力所能及的事情，第二天再在班里分享做家务的心得体会。

学校的孩子大部分家庭条件优裕，家务都由阿姨承担。一开始，老师们担心得不到家长的配合，但从作业布置下去的那一刻起，这种顾虑就被打消了。事实证明，大部分家长反响非常好，班级群里一下子热闹起来，争相分享孩子做家务的照片。

当然，也有个别家长持怀疑态度，比如一位当时二年级男孩的妈妈。

这是位事业心很重的单亲妈妈。孩子性格安静，大部分时间由家里阿姨照顾。阿姨包揽了所有事情，孩子动手少，与妈妈的交流也少。孩子在很多事情上都表现得比别人慢半拍，在学校的人际关系也遭遇一定的困难，所以心情一直很沮丧。老师们便试着与孩子的妈妈和阿姨沟通，尝试放手让孩子做一些事情，比如承担一部分家务。

做家务能改变一个孩子的性格？妈妈将信将疑。阿姨便从淘米、洗菜等基本的事情开始教，慢慢地到煎鸡蛋、做蛋炒饭，再到做一两道家常菜。后来，孩子能够独立完成很多事情：每天早上起床后，穿衣叠被，整理好书包，打扫自己的房间，吃完早餐还会收拾碗筷。

随着生活自理能力、动手能力的提高，孩子的整体状态都发生了变化，比以前自信、积极多了。一天早晨，妈妈起床后，发现孩子已经去上学了。出门前，孩子帮她挤好了牙膏，洗漱的杯子也接满了清水，妈妈的眼泪一下子就涌了出来。

后来，孩子在乐木课堂也展现出自己的动手能力，他制作的那辆精致的红色小汽车，到现在还摆放在乐木课堂的展示柜里。

这样的案例还有很多，小妍父女也是养活教育的受益者。

小妍是行知合一班的另一个孩子，父母离异。刚来学校的时候，老师发现她总是低着头，没有朋友，脸上也很少有笑容。有一天，红姐在校园里遇见她，问她："小妍，我怎么很少看见你笑呢？"她立马咧开嘴笑了一下，说："我这不就笑了？"红姐说："我只看到你做了一个笑的表情，你的心里并没有笑。"孩子竟然"唰"地流下了眼泪。

在小妍爸爸眼里，这孩子总是精神紧绷，做错一点小事就懊恼不已，在同学面前没有自信，做事情也很难集中精神。在学校开设养活教育课程之后，小妍喜欢上了缝补。她自己缝衣服、钉扣子，继而自己画图、剪裁，做布娃娃，一拿起针线就是一两个小时。慢慢地，这种专注和投入消解了她精神上的紧张和敏感，再后来是做家务、做饭。小妍最拿手的是做鸡蛋饼，她有一整套怎样把鸡蛋饼做得好吃的经验，是她一边做一边自己总结出来的。

看着眼前的父女俩一副默契的模样，根本想象不出两人曾经历过何等尖锐的对抗。小妍现在交了很多朋友，在面对面交流时也能够流畅地表达了。而爸爸在陪孩子做事情的过程中，也逐渐改变了以往的家长作风。

养活教育，看似是在不起眼的小家务活中培养孩子的动手能力，实际上是引导爸爸妈妈更多地与孩子互动。孩子有家庭参与感，有主人意识，才会有责任意识。

张永红说，做好养活教育，理由很多。它有效地拉近了现代父母和子女之间的关系，增加了孩子的“四自”力（自理、自信、自律、自强）。同时，受过养活教育的学生，学习成绩都有可喜的提高。

（四）商贸班

学校结合中西方教育的优势，推行养活教育实践课程，让学生的各种能力得到锻炼，培养学生成为能尽早适应社会，有独立生活能力，不拼爹娘、不啃爸妈的新一代。其中，商贸课程就是一个非常独特的案例。

这个课程，主要面向学校国际初中和国际高中的学生，有兴趣的同学都可自主报名。令人欣喜的是，举办商贸课的倡议一经发出，学生们就反响热烈。经过前期的准备和招募，共有64名学生报名参与。

养活教育商贸班的初衷和目的，是让同学们从小在经营方面得到锻炼，将来走向社会有养活自己的能力。课程内容包括：销售健康、环保、高营养的散养土鸡和土鸡蛋。学校提供项目资金，销售利润50%归销售者所有，50%捐给公益基金（其中50%用于帮扶校内有困难的师生），销售收入和分配情况定期在校内公示。商贸班严格按照真正的商贸公司来运作，搭建起了管理构架，通过竞选产生总经理、副总经理，成立了专门的财务部和销售部。每位同学都开设了个人的银行账户，便于后期分红。

国际高中的龚帅炎同学是这么看商贸班的：

之所以报名参加商贸班，就是为了获得不同的体验，还能赚到钱，何乐而不为呢？

任荣年是龚帅炎的同班同学，他也是抱着同样的想法：

这是一个接近社会的机会，还能通过自己的双手赚到劳动所得，想想也是件好事。

初二（1）班的顾亦菲同学是个腼腆又甜美的女生，她说：

觉得挺好玩的，就报名了，能够自己赚钱一定会很开心。

让学生体验分工、盈利、社会责任，是养活教育的目标。

（五）养活教育牧谷基地

经过3年的准备，苏州工业园区外国语学校养活教育牧谷基地（以下简称养教基地）于2018年9月正式启用。养教基地如同一台播种机，在更多的学生中播撒养活教育的思想，让更多的学生参与到养活教育行动中来。

在学校的统一安排下，从幼儿园到高中，学生们轮流来到养教基地进行养活教育实践，根据年龄段的不同，训练时间从3天到13天不等，学生在这段时间里，吃、住、学、做都在基地。学生来到养教基地后，按照“教孩子做不会做的事，逼孩子做会做的事，不断完善和提高”的养活教育理念，凡事都是自己动手做。

教他做不会做的事，逼他做会做的事。教，是求知，是学习；逼，是重复，是不断总结、领悟和提高，是培养精益求精的品行。你会发现，孩子背着包，拉着行李箱，老师在引路；你会发现，两个孩子配合着装被子，老师在指导；你会发现，孩子汗流浃背地割稻、打稻，老师在鼓励；你会发现，孩子专注地缝着纽扣，老师在欣赏。

● 养教基地的课程设计

为了更好地让学生参与到各种养活教育行动中来，养教基地的课程设计力争做到覆盖面广、层次感强、人人能参与。

养教基地课程设计框架

板块	类别	劳动事项	
家务	整理房间	叠被、铺床、叠衣服	公民课
	打扫卫生	扫地、擦窗、刷马桶	
	熨衣缝扣	熨衣服、补衣服、缝纽扣	
	待客接物	泡茶、上菜、招待客人	
厨艺	花钱买菜	给一定的钱，规划一桌饭菜	
	洗菜择菜	蔬菜、荤菜的处理	
	切菜炒菜	不同的切菜方法、用刀的安全	
	铺桌摆盘	铺桌布、摆碗筷、上饭菜	
	收桌洗碗	收碗筷、处理剩饭剩菜、洗碗筷	
	野外炊事	搭灶、生火、烤红薯、做叫花鸡	
农耕	菜地	挖地、垄地、播种、浇水、施肥	
	果园	疏花疏果、人工授粉、剪枝控旺	
	大棚	穴盘育苗、立体栽培、菜苗移栽	
	大田	插秧、割稻、打稻、收小麦	
工匠	木工	画图纸、锯木头、刨平、打磨	
	雕刻	竹雕、砖雕、木雕	
	修理	自行车、小家电、汽车修理	
	装修	滚涂料、装家具、装电器	

课程设计说明：

课程覆盖了家务、厨艺、农耕、工匠四个板块。每个板块按照劳动场地或劳动流程分成几个类别，每个大类下又分若干劳动事项，再根据每个事项设计具体的课程，针对不同年龄段的孩子设计不同难度的课程。

公民课贯穿在每一项劳动中，带队老师根据学生在劳动中遇到的各种情况，在课前、课中、课后全方位引导孩子领悟做事做人的基本道理。

● 养教基地的课程实施

为了让养活教育落到实处，在师资配比上，学校按照1:10的师生比开展教学活动。每天下午，可以看到有学生在5—10个不同的地点进行各种劳动。初一（3）班一个平时很调皮的孩子，在厨艺展示活动中尤其卖力，活动结束的时候，他情不自禁地说："现在我懂了，妈妈真不容易，我烧一次饭都累得不行，妈妈一年365天天天烧饭都没喊累。回家后，我要多帮妈妈做点事。"

● "人人平等，相互尊重"的公民课

公民课的目的，是引导学生在做的过程中发现自己的优缺点，然后依靠自身的力量来改变。公民课起的是引导的作用，引导学生去观察事物，察觉内心；引导学生去思考观察到的事物；引导学生从自身找到改变的力量，继而自己去实现改变。

因为落实了"做、学、用、练、勤"的方针，学生有大量的机会去观察事物、察觉内心，通过公民课上的分享、分析和引导，学生就能更好地化作自己的认知和思想，因为这是他们通过亲身经历所感知到的。

以下摘录几个学生“感恩本”上的话语。

郭丰铭：

在基地的日子只剩最后2天了，虽然这里很苦，加上我平时不住宿，不太适应集体生活，但我在这里学到了很多！在这半个月的生活中，我每天都有新的收获，尤其是在老师您的公民课上，您辛苦准备的各项工作，每一项都既简明又深入人心，这些话题对我们有极大的帮助。如果没有您，我们根本无法察觉到这些内容的重要。当然，也有其他老师一起带着我们学习，包括学校的老师和基地的老师，**但我敢肯定，老师您教的内容是不可取代的。还有一件我非常肯定的事情是，老师您是非常稀缺的优秀老师中的一位！**老师您结合生活中的各种案例，把自己的生活经验分享给我们，使讲课的内容更加丰富，更加有说服力！感谢您！

薛翔：

13天很快过去了，明天我们就将离开。我首先要感谢这个基地带给我们的无限快乐，有甜有苦。我还要感谢吴老师每天都来给我们讲课，最后要感谢范老师和同学们，是你们陪着我一起成长。感谢你们！

王检：

感谢这两周的独立生活，它让我有很多收获：农耕课，让我体验生活；乐木课，让我独自动手；公民课，让我体会人生。

顾亮亮：

今天我要感谢我的妈妈和舍友们。

就在2018年11月15日，在回宿舍的路上，我还不知道会发生什么。结果一回到宿舍，舍友们居然给我准备了一个蛋糕，开始唱起了生日歌。这一次的生日，虽然不是在家里过的，但让我想起了妈妈之前给我过的生日，她一次又一次地给我买礼物，一次又一次地给我买蛋糕。十分感谢你们记得我的生日！谢谢！

郭子昂：

今天，我要感谢一位老师，他就是吴老师。来农场的那天，我并没有很想听公民课，可近几日里，我通过公民课发现了我身上的错误，知道了如何变成一个受人喜欢的人，这让我的人际关系改善了许多。我也很庆幸，有这样一节课和我的农场生活联系在一起。我的内心受到了触动，我要像课上学到的那样，做一个真正之人。对于往日的不重视，我十分抱歉。

今天是我在农场的最后一天，曾经盼望早点离开的心情早已逐渐淡去，欢乐过后的喜悦也埋没在离别的痛苦中。我想要感谢我们的班主任范老师，这么多天里，范老师和我们形影不离，为我们奉献了自己的时间和精力，我十分感谢她。对于范老师的付出，我由衷地感谢！

周奕敏：

今天要感谢老师教会了我们怎样割水稻，让我体会到了劳动的辛苦。

张律回：

今天轮到我在厨房帮厨，还要负责端菜，一天下来我感觉很好。当我看到那一桌子菜被大家吃的时候，感觉很充实。因为帮厨很忙，我没有及时到座位上吃饭，大家还给我留了菜，留了肉。有一个别的班的同学还陪我清理好饭桌，陪我一起回教室。

● 养教基地给家长的印象

学生有大量的时间做事，也就更容易懂事。在回到家之后，家长看到孩子们记录的点点滴滴，在孩子的本子上留下了他们的感想。

吴媛琳：

谢谢红姐一直坚持贯彻这个理念，让孩子们到基地去学习。

谢谢范老师、吴老师和陪伴孩子的其他老师们，辛苦你们了，你们把孩子们照顾得很好，令家长们十分放心，十分安心。

看到自己的孩子心中常存感恩的心，真是难能可贵，也令我们当父母的十分欣慰；感谢我们有一个好儿子，在一个好的班主任（范老师）和各科老师的教导之下，在好的学习环境下茁壮成长。谢谢公民课的老师！

张小雪：

看到儿子在养活教育活动期间记录的点滴琐事，貌似鸡毛蒜皮，却处处展示出他对劳动的体验，展示了同学间友情的温暖，以及他由此产生的对生活的热爱！老师的点评也恰到好处地鼓励了孩子。

我觉得，真正的教育不是单纯的说教，更应该是像这样，创造一种环境和氛围，让学生自己去体会，去领悟一些道理，这样，学到的知识和技能才不会忘记，终身受益！

王延龄：

这两个星期的劳作是一种创新；这十多个夜晚的感恩作业，是一种习惯和行为模式的养成；这一串串红字的批注，是汗水和心思倾注的结晶！感恩老师，感谢学校，感谢儿子，有你们，真好！

杨群：

老师，非常感谢您对我家陈涵琪同学的关心和帮助！您对她的评价非常到位，我们做家长的非常认可，她确实是一个优缺点都非常突出的孩子，最让人头疼的是缺乏自控力，做事没有明确的目标，毅力不够，有时只有三分钟热度，所以这几年她的学习成绩一直是我们和她自己最烦恼的事，也一直没有找到突破口，帮助她走出困境。今天看到老师的留言，让我们似乎看到了一些希望，望老师能继续关注她、帮助她，让她成为一个更优秀的孩子，需要我们家长配合的，我们一定积极合作！谢谢，老师！

江利会：

感恩学校安排的有意义的活动！

感恩老师有爱的教育和陪伴！

感恩奕敏同学优秀的表现！

有爱的心，才会发现身边的美！

加油！加油！

王海燕：

感谢老师多方面的教育，特别是通过这次养活教育，我发现孩子长大了，懂事了许多。希望你今后在学校里听老师的话，严格要求自己，爱动脑筋，多思考，克服自身缺点，多认真学习，多读对学习有用的课外书，不急不躁，从点点滴滴做起，踏踏实实做人，认认真真做事。只要尽力了，总会有收获，你会成功的。

顾瑛：

哈哈，看到亮亮写的许多大实话，词语虽然不华丽，表达的却是真情实感。从字里行间可以看到亮亮在整个养活教育里取得的进步，我们觉得很欣慰。就是字迹太潦草了，有待改进！

（本章原始资料由苏州工业园区外国语学校提供）

养活教育西南开放学校的探索与力量

养活教育实践活动在西南地区的发起人王蜀屏，毕业于四川大学，做过大学教师，也做过亲子活动的策划人和执行人。她非常认同养活教育思想，她的孩子也从小接受养活教育，会做家务，会干农活。从2017年开始，王蜀屏在河北张北坝上草原举办“下乡养儿——养活教育夏令营”，在成都发起养活教育农耕综合实践课，以养活教育开放学校的形式，帮助更多的家庭践行养活教育。因为王蜀屏平时在成都，所以大家把这种养活教育形式称为“养活教育西南开放学校”。

（一）说者容易做者难

教孩子识字、计算等知识的教学细节，经过多年的打磨，已经很成熟了。而养活教育教孩子做事的教学细节，还需要更多的人参与进来、不断完善，才能逐渐形成一套有效的教学方案。

养活教育是以教孩子做事为起点的综合实践教育，这样的教育，看似门槛不高，谁都可以教，但实际上，教学中有很多细节都颇有难度。教孩子做事是立体的，面对具体的情况，通常没有唯一的标准答案，所以，对老师的要求更高，养活教育的指导老师需要具备更加综合的能力。首先，老师自己要很会做事，同时，还要能带领孩子做事，另外，在激发孩子做事的热情的同时，还要引导孩子从感性层面到理性层面去理解自己所做的事情，由此建立起实际生活和书本知识之间的连接，让学习变得立体、可感，从而提高学习效率。

王蜀屏说，在她做过的所有工作中，最难的就是做养活教育实践活动的带领者。教孩子们洗衣做饭、种菜浇园，难点在于这些事情非常考验细节，做得好与不好，一目了然，没法糊弄。

教孩子做的每一件事，在执行层面都是由若干个有先后次序的细节组成的，这些细节，决定了孩子能否把整件事情做完，并且达到预期的效果。因此，教孩子做事前，必须预料到可能发生的各种情况，把准备工作做足，再按照程序分步执行，这样才能见效。

比如，教4岁的孩子洗袜子，可能你刚教他怎样给袜子抹肥皂，他就把袜子放进水里去了。所以，带领者必须按设定好的程序来教孩子。第一步，用少量的水把袜子弄湿；第二步，把肥皂抹在湿袜子上；第三步，轻轻揉搓，让袜子起泡；第四步，观察肥皂泡在污渍上发生的变化；第五步，清洗，通过观察水的颜色来判断袜子洗干净了没有；第六步，拧干，这个动作对孩子来说有一定难度，要反复练习；第七步，晾晒，你会看见孩子很有兴致地把自己洗好的袜子晾起来，其中，把袜子拉平整的步骤会给他们带来成就感。以上七步，次序分明，每一步都有动作要点，考验的是带领者的耐心和细心。

难归难，王蜀屏做得极其用心。看到了自己孩子发生的可喜变化，几个家长聚集到王蜀屏身边，经过两年的实践训练，逐渐成长为养活教育的指导老师。就这样，王蜀屏组建了养活教育指导老师团队，总结出多个养活教育课程的教学方案，为开办养活教育开放学校奠定了基础。

（二）“下乡养儿”夏令营

2016年夏天，王蜀屏带着即将上小学的孩子，从成都回到她先生的老家，河北张北坝上草原盘常营村。她早就计划在孩子上小学的前一年，带孩子回农村生活，下地干活，以此作为孩子的幼小衔接教育。母子俩在农村的生活引起了朋友们的羡慕，他们也带着孩子来到这个偏僻的小村庄过暑假，一起过得乐不思蜀。

2017年春节期间，我在川大传媒校友群里看到了王蜀屏带着孩子在农村生活的照片。她带着孩子生活在零下20多度的农村，孩子在冰天雪地里拣树枝、砸煤块、压井水。喜欢带着孩子做事，是她给我留下的第一印象。她对我提出的养活教育十分赞同，也一直是这样教育孩子的。她读过《德胜员工守则》，2007年就知道休宁德胜平民学校，她的先生也想在农村办这样的学校。为了教育自己的孩子，也为了寻找自己的事业路径，她从一个大学老师变成了全职妈妈，又从全职妈妈成长为养活教育的践行者。

“下乡养儿——养活教育夏令营”3年内举办了10期。七八月份，来自北京、上海、广州、深圳、成都、武汉、海口等地的家庭，千里迢迢来到这个坝上村庄，过起了接地气的生活，重新成为大自然的一部分。大家一起喂鸡喂鸭喂鹅，捡鸡蛋鸭蛋鹅蛋，割草喂牛，挤牛奶煮奶茶，从制作肥皂开始教孩子洗袜子和内衣，从认识长在地里的庄稼开始教孩子们学做家常饭菜，体验着坝上草原农村的日常生活。

带孩子参加了2019年“下乡养儿”夏令营的一位妈妈，在微信群里告诉王蜀屏：

今天我女儿在车上看一本桥梁书，《唱反调的奶奶》。她说，这本书讲日本的学校教学生生活技能，让他们学会生活，为什么我们就只教读书考试？我说是的，在日本他们很重视，其实学了知识，最后也是要在生活里运用才有价值。我女儿就说，那我们中国也有，就像蜀屏老师一样，教我们怎么做饭，怎么照顾自己。

我也是在农村长大的，对农村的优点和缺点一清二楚。王蜀屏带着孩子把农村的资源充分利用起来，又结合她的自然科学专业背景，设计了草原自然的体验与探索系列活动：气象观测、观星、地质考察、自然观察……**在大自然宽松的环境下，在有具体目标和规则的前提下，教他们做事方法，给他们做事情的机会，孩子们与生俱来的学习能力就显现出来了。**

王蜀屏让家长们看到，在有安全感的环境中，只要减少对孩子的干扰，他们就会自然地壮大内在的力量。

现在，王蜀屏每年都会带领她的工作团队到坝上草原开办养活教育夏季学校，继续教孩子们做事，同时邀请社会各界的优秀人士来和孩子们共同生活一段时间。

（三）农耕综合实践课

2017年夏令营结束后，我推荐王蜀屏接受了《时代人物·新教育家》的采访。这次采访，启发了她在成都为孩子开设养活教育农耕课的灵感。

亲身体验，胜过读书百遍，农耕活动带给孩子们课本里得不到的成长经历。在真实的农村生活场景中，这些城市里的大人和孩子，体验到了农耕生活带给他们的喜悦，以及对生命力最直观的理解。下地干活，烧火做饭，做肥皂，缝缝补补，都是他们的必修课。

农耕课，是一个项目制的农耕实践小组，让孩子们把在校所学融合起来，在实践中提升认知水平，同时，也让孩子们通过自己动手获得相应的生活能力。孩子在周末过一过有烟火气的生活，很有必要，可是，更多的孩子周末比平时更加忙碌，奔波于文化补习班和才艺培训班，参加各种各样的比赛或者选秀。好在，还是有家长已经发现了问题所在，认识到让孩子学干活和送孩子去补习同等重要，很多能力是通过各种劳动习得的，不能只读书或只学才艺。

在一起劳动的过程中，王蜀屏看到，孩子们在大地上的劳作在时间的作用下一点一点地发生着变化。一起见证植物生长的过程，是神奇的，也是具体可感的。在真实的农家而非农家乐，孩子们在地里干完活，得自己做饭才有饭吃，虽然有时要忍耐饥饿，但吃到大家一起亲手做的饭菜，会带来真正的成就感。

（四）餐前感恩词

他们的餐前感恩词也很有特点，从感谢天地，到感谢身边的人和食物。

养活教育，就是要让孩子提前体验“不当父母，不知柴米贵”。有了养活教育实践的切身体会，感恩就不再是看不见、摸不着的概念了。养活教育西南开放学校规定，学生在用餐前要朗读以下感恩词：

感谢！

感谢上天，给我们阳光、雨露和风。

感谢土地，给万物营养。

感谢水，滋润每一个生命。

感谢耕种的人，为我们生产食物。

感谢做饭的人，为我们制作美味。

感谢盛饭端菜的人，给我们奉上饭菜。

感谢食物，将成为我身体的一部分，我会好好珍惜。

感谢大家，陪我共进美好一餐。

孩子们中午有一个小时自由活动时间，可以和小伙伴们一起玩耍。少子化的社会，让孩子们承受了成人过多的关注，他们需要一段不被成人介入、安排的时间。

有团体生活，就要有共同规约。孩子们按照罗伯特议事规则来开会讨论，有主持人，有会议记录员，大家轮流发言，提出观点，通过投票做决议。一项项提议最终变成了一件件可执行的具体的事情，这个过程让孩子们既了解了议事程序，也学会了制定规则和遵守规则。父母们见识了孩子把握重点的能力，感到高兴的同时又觉得惭愧，自己曾经小看了孩子。

只要去做，就会有改变，慢慢地，形成一种改变的力量。

农耕课不适合讲授太多理性层面的知识，应该放手让孩子去做事，丰富自己的体验。**自然和时间，是孩子最好的老师，呈现给大人和孩子各种果实**。孩子变得越来越大方，越来越能干，他们友谊的小船也在一次次的自由玩耍和分工合作中越来越结实。

参加养活教育农耕综合实践课，好处首先是大家定期地过上了有生活气息的生活。大城市的家庭住在楼房里，和大自然的连接太少。过度的学业和才艺学习，让孩子对生活缺少感知，与亲人也缺少感情。而且，城市生活让人的视野变窄了。**真正的视野，并不会因为你在家看世界各地的热闹而变大，视野是和生活体验相关的。**孩子的生活圈子小到只有家庭和学校，孩子们只担当学习，不负担基本的生活劳作，自然理解不了什么是生活，什么是生活的趣味，没了人间烟火气，就少了生活乐趣，少了生活常识。

在农耕课共同规约里，孩子们约定彼此之间可以打架、吵架，但必须很快和好。当有小伙伴发生冲突时，其他小伙伴淡定地看着，不劝架也不起哄，等“战火”结束的时候，孩子们提议他们握手言和，并为他们和好如初鼓掌。这样的情感体验，远远好过大人把他们拉开，教训一句“不要打架”。

有一次，小伙伴之间有了意见分歧，吵得不可开交，甚至开始动手，大孩子把小孩子压在泥地上。看到这一幕，家长们仍然很淡定，“我觉得打架也是生活、社交里必不可少的一部分，冲突和冲突的化解，是孩子必须要经历的。”一位妈妈说。最后，蜀屏老师才出面，她没有说教，只是让大孩子体验了一次被压在身下的感觉。

这是丰富立体的自然体验、社会体验和生活体验。这些体验，带动孩子回家做事。有一个8岁的男孩参加了挖红薯活动，他第一次用削皮刀削红薯，削了好几个红薯后，特别有成就感。回到家，他让妈妈给他买了一把同款的削皮刀，说以后削皮的活儿自己承包了。从那以后，他经常在家干活，做早饭，洗碗。他们家还在小区旁边找了一块荒地，全家总动员，开荒种地。

带孩子连续参加了两年农耕课的家长说："我也是第一次接触种子从种下、发芽到结果的全过程，这是我过往生命中缺失的一部分。农耕课基本两周一次，可以看到蔬菜和桃树的生长，有时候变化是很惊人的。"

大家的生命体验在农耕劳作里丰富起来，感受到大地、种子和自己的双手所具有的创造力，家庭成员间也有了更有建设性的相处方式。家长之间通过互相观察，也发现了他人在教育孩子方面值得自己学习的地方，给予干活笨拙的孩子和颜悦色的鼓励和陪伴。家长越来越认同养活教育，看到践行养活教育后，自己和孩子身上的改变。

已经上初一的李小，从五年级开始参加养活教育全年农耕课。他的妈妈和外婆越来越支持他参加，因为她们都看到了李小参加农耕课以来发生的可喜变化。李小从小身体不好，经常生病，学习成绩也不好，在班里没有朋友，和父母的关系也比较紧张，经常情绪低落、易怒。一年多来，他在农耕课小伙伴们的集体氛围里收获了友谊，从做事中获得了成就感和信心，性格随之变得更加积极起来。上初中以后，他的语文学习进步很大，作文写得很生动，其他学科的成绩也有了提高。

王蜀屏还带孩子们参加成都生活市集，售卖自己的劳动成果：桃子、土豆、紫草膏和手工皂。孩子们自己制作海报、包装产品，给顾客介绍产品，收钱找钱，记录每个人的销量。孩子们向顾客详细介绍自己做的紫草膏，小李说紫草膏的成分，小刘说紫草膏的作用，三岁的哲皮卖出一盒紫草膏后，与顾客握手表示感谢。

孩子拿到了工资条，得到了自己挣的钱。从小尝到挣钱的喜悦，学习如何挣钱，正是养活教育所提倡的：孩子从小要爱钱，爱挣钱，早日养活自己。

除了带孩子种菜、照顾桃树、上烹饪课以外，还有手作课。通过缝沙包，练习做针线；通过编筐，理解线段、平面和立体；带孩子们做肥皂，既是化学启蒙课，也是赚钱算账课……动手又动脑，体验完整的创造性劳动。

（五）稻的一生

为了让大家了解大米是如何从田间来到餐桌的，2018年，王蜀屏在成都周边的“粮仓”崇州找到了专注水稻育种和种植近30年的宋德明先生，创办了的蜀州水稻研究所。他们理念一致，认为带孩子种水稻是非常好的科普教育活动和养活教育实践，共同设计了“稻的一生”养活教育生命科学农耕精品课。从播种，到插秧、收割、打米，再到做米食，完整地经历稻米的一生。

第一次水稻课，他们带领孩子们认识稻种、选种，了解以稻作文化为代表的中华农耕文明。观察稻米种子解剖结构，观察记录发芽实验结果，通过显微镜观察水稻根尖，体验农业科学家的工作，把浸种催芽的种子播到秧苗田里。

第二次水稻课是插秧。在种田老把式的指导下，孩子们拔秧、运秧、插秧，插得整整齐齐。插完秧，大家又到水田里摸鱼，跟鱼和泥浆在一起，大人孩子都很快乐。欢乐之余，再讲讲如何搭配早餐的营养，让孩子们自己动手，搭配自己第二天的早餐。

第三次课是在收获季节，孩子们割稻子、拾稻穗、运输、脱粒、晾晒，体验秋收劳作。他们对人工收割与机械化收割有了切身的对比，认识到生产力的含义。还通过调查水稻产量来理解农业经济。

第四次课是米食课，打米煮饭，做米糕。孩子们用眼睛、鼻子和嘴巴，品评不同种类的米食，了解不同品种的大米。

每次水稻课，他们都会使用显微镜观察植物、动物，理解不同维度的世界，体验到生命科学其实就在生活日常当中。

这样细致的水稻课体验，让三年级的孩子写出了诗一样的句子：它把金黄色给了稻谷，金黄的稻粒像一颗颗金色的雨点，哗啦啦淋走了夏天的绿色。也让一年级的孩子熟练掌握了显微镜的使用，观察自己感兴趣的微观世界；还让习惯剩饭的孩子，从此吃完了碗里的饭。

（本章原始资料由养活教育西南开放学校提供）

德胜—鲁班（休宁）木工学校九问

德胜—鲁班（休宁）木工学校创办于2003年，办学思想是“以品德为根基，以敬业为习惯，以技能为资本，以谦卑为情怀”。校训是：诚实、勤劳、有爱心、不走捷径。

（一）为什么要创办德胜—鲁班（休宁）木工学校

我的老家在皖南山区，山多地少，“八山一水半分田”。当地许多青壮年劳力外出务工，却没有一技之长。我一直想在老家创办一所木工中等职业学校，让那些初中刚毕业，考不上高中的农家孩子到这里学木工手艺，毕业后走向社会能靠手艺挣钱，带领家庭脱贫，过上好日子。历史上的徽州休宁，曾经有许多好的木工手艺人，因为有好手艺，在当地过上了中上等的生活。后来由于种种原因，年轻的木工手艺人越来越少。传承传统木工手艺，抢救民族文化，也是我创办学校的另一个动力。

当时，休宁县政府积极招商引资，政府领导希望我能帮助家乡发展做点事情。我思考了一年多的时间，最后决定，根据休宁县的实际情况，走捐资助学、校企合作之路，办一个木工学校。我这个构想得到了时任休宁县县长胡宁的认同和支持。胡宁邀请我回家乡考察、商量，就这样，创办德胜—鲁班（休宁）木工学校的工作有序地展开了。

（二）学校的筹备工作是怎样的

2003年5月，休宁县人民政府采纳了我的意见，安排汪丽庆、毛银奇两位老师到苏州参加培训，同时商量筹备工作。我的恩师——初中物理老师姚允杜，也加入了进来，协助汪丽庆、毛银奇两位老师开展工作。

筹备并不顺利，因为当时的职业教育里没有木工专业。另外，虽然有一些现成的木工教材，但翻开一看就知道都是"书生"编写的，根本不实用。我读初中的时候，假期一直跟着师傅学木匠，对木工手艺比较熟悉。于是我当机立断，决定自编教材。

学校的筹备工作和教材的编写，我全程参与了，主要有以下几个方面。

一是，编写木工学校的讲义：《道德与修养讲义》《木工理论与实践讲义》。

《道德与修养讲义》有四篇：《诚实》《勤劳》《有爱心》《不走捷径》，集中体现校训思想。讲义大部分是故事，古今中外的都有。另外，要求学生利用假期进行社会调查，比如《关于5个最勤劳的家庭和5个最懒惰的家庭生活状况的比较》《勤劳人最爱说的一句话和懒惰人最爱说的一句话》。故事性强，增加可读性；辅以社会调查，增加实践性。

二是，探讨、设计和制定管理制度。制定《木工班学生"二十"不准》《木工车间实训制度》《寝室管理制度》《安全管理制度》《奖学金条例》。制度很严格，如《木工班学生"二十"不准》对学生的违规行为画了红线，不准蒙骗撒谎，不准抽烟赌博，不准打架斗殴，等等。制度有特色，比如学校的奖学金条例，奖学金总额按班级实际人数确定，奖学金标准不断提高，以表彰和激励品德、技艺兼优的学生不断努力，变得更加优秀。制度体现人性化，坚持奖惩并举，“责一赏三”（批评一次，表扬三次）。

三是，由我捐资200余万元建造的教学用实训车间，于2003年7月中旬完工，定制的100个木工操作平台和100套传统手工木工工具也陆续到位。这所学校的定位很明确——学习传统木工手艺，所以工具就是锯子、刨子、鲁班尺、墨斗、斧头等原汁原味的手工工具。

最后，修缮了学生宿舍和老师的办公楼房，配备了办公设备。

就这样，德胜—鲁班（休宁）木工学校的办学条件就具备了。

（三）学校对招生有什么要求

我对生源条件划了三条标准：农村出生，农村长大；当年初中应届毕业生，男性；勤劳厚道的农家孩子。

为把好生源质量关，学校依据程序进行招生：宣传报名、面试、家访、体格检查、学籍录入。家访是最关键的环节。2003年8月，三位老师一起到孩子家访问，不漏一户，不漏一人。老师到孩子家中，了解孩子的父母是否勤劳，是否赌博，看看屋子的卫生、菜园里蔬菜的长势。和家长、邻居交谈，了解孩子和父母（或长辈）之间的关系，即孩子对父母、长辈是否孝敬，孩子在家是否勤劳。通过家访，我们挑选了符合条件的学生，拒绝了好逸恶劳家庭的孩子。

2003年9月1日，经过家访，从100余名报名学生中挑选出50名学生，正式组建了2003级木工班。以后，每年的招生都是这样进行。

（四）学校的课程设置是怎样的

打破了传统思维，在课程设置上强化实训操作，并突出学生的品德培养。课程有三类：文化课、专业理论课、木工实训课，课时分别占比25%、10%、65%。专业理论课中的道德与修养课、木工理论和实践课，用的都是自编教材。木工实训课，就是木工手艺的传承，由木工教官指导学生使用斧头、刨、锯、凿等手工工具，学习劈料、刨料、凿眼、拼板等基本功，然后，开始学习制作普通方凳、长条凳、合角方凳、子孙椅、八仙桌、太师椅等家具。

（五）学校如何保证训练好学生的手艺

一是对木工教官有严格的要求。

德胜（苏州）洋楼有限公司派去程天福、程志高、程义坤、王六顺等手艺精湛的木工教官，他们也荣幸地成为学校的第一批教官，驻校任教。“给我一个青年学生，还你一个木工匠士”“授人以鱼，不如授人以渔”。木工教官都签订了承诺书，压实自己的责任，达不到教学目标，就予以解聘。

二是对实训体系和方法有严格的要求。

学校把70%的教学时间用在实训课上。实训课采用“教、学、做”合一的教学方法，按照学生学习木工手艺的规律，从练习劈、刨、锯、画线、凿眼、拼板等基本功入手，学习制作简单家具，最后学习制作八仙桌和太师椅。

一个班的学生分成四组，一个师傅带一个组。师傅做给学生看，学生再做给师傅看。师傅逐一巡视、指导，普遍的问题集中讲解，个别的问题私下指导。如此循环往复，让学生在渐进的过程中学成技能。每天晚上，四个师傅集中开班会，交流教学心得，讨论教学中出现的问题和解决的办法，安排第二天的教学任务。

学生在校学习的两年里，第一学期要打出一张方凳，榫卯是直角接合；第二学期要打出一张长凳，长凳相对要难些，榫眼没有一个是正的；第三学期要打出合角方凳与八仙桌，榫头复杂，一些拼接部位内还带着小榫头，一个部件没做精准就拼接不出来；第四学期要打出一把太师椅，部件弯曲，榫卯结构比八仙桌还要多，还要雕花——在古徽州，能做一张八仙桌和两把太师椅，就可以出师了。制作八仙桌和太师椅，就是学生的“毕业论文”。

学生实训操作的每一件作品都要通过考核，总督学按照尺寸精准度、榫卯接合的紧密程度、平面的光滑度等指标予以评判。

三是对毕业作品考核有严格的要求。

学生八仙桌和太师椅考试结束，木工教官回避，不参与评分。独立总督学从苏州过来，现场盲评，给作品打分，以保证评判的严肃性和公正性。

（六）如何让学生吃饱吃好

德胜—鲁班（休宁）木工学校学生的手艺训练强度大，为保证学生身体所需的营养，2005年夏天，我决定单独设立食堂，长江平民教育基金会捐资60万元，把建于70年代的100多平的房子修缮一新，购买设备，聘请炊事员，办起了食堂。基金会每天补助每个学生5元伙食费。学生协助主厨买菜、洗菜、烧菜，打理食堂卫生，参与食堂账目管理。早餐有鸡蛋、馒头、稀饭，午餐和晚餐都是三菜（大荤、半荤、素菜）一汤，米饭自取。学生缴纳每天的固定伙食费，起初是每天8元，后来逐步随着物价上涨增加，最高每天15元。

（七）什么是匠士学位

我一直在思考，普通高校的优秀毕业生有学士、硕士、博士学位，与此对应的职业教育的优秀毕业生也是人才，也应该有学位。在2005年首批学员毕业前夕，我设计了匠士学位。匠士，“匠”代表精湛的技能，“士”代表优良的品德，只有德技兼备的毕业生才可以被授予这个学位。

我一直倡导的教育理念是“优秀是教出来的”，老师、教官手把手地教孩子手艺，教孩子做人。2005年6月25日，首批学员毕业了。学校举行了隆重的匠士学位颁发仪式，39位毕业生身穿匠士服，头戴匠士帽，从校长手中郑重接过木工匠士学位证书。学生家长、老师、外国友人、社会爱心人士都来到仪式现场，见证了这个别开生面的仪式。以后，每年都要重复这个仪式，为每一届毕业生颁发匠士学位，一直没有停止过。

（八）木工学校的学生在各种赛事上获得了怎样的成绩

教育部职教司的有关人员来校考察后认为，木工专业是个很好的专业，应该列入职业教育名录，于是德胜—鲁班（休宁）木工学校的木工专业，成了继当时中国50个职业教育专业后的第51个专业。

北京的国际木文化学会认为，德胜—鲁班（休宁）木工学校的木工专业办得非常出色。从2012年开始，德胜—鲁班（休宁）木工学校作为唯一受邀的中等职业学校，派学生参加全国高职高校学生木作技艺竞赛。每年，我们的学生与北京林业大学等国内多所高校的大学生一起比赛，出人意料的是，2013年、2014年、2015年，我们的选手连续在第三、第四、第五届比赛上都获得了冠军。从此，学校的名气越来越大。比赛用的是纯手工工具，不准用电动工具，我们的学生因为基本功特别好，往往只用比赛规定时间的二分之一就出色地完成了制作，让评委们惊叹不已。

2014年、2015年、2016年，李涅、吴忌、徐长军作为国内唯一代表，分别参加了国际木文化学会在中国福建、土耳其伊斯坦布尔、尼泊尔加德满都举办的第一至三届世界青年木家具现场制作邀请赛，和世界各国的优秀青年选手同场竞技，展示中国传统木工技艺的魅力。

2016年，匠士徐长军在安徽省第43届世界技能大赛精细木工项目选拔赛上获得第一名，随后在第43届世界技能大赛中国选拔赛上获得第5名，入围国家集训队集训。

2017年，匠士吴忌在国内通过数轮淘汰赛后，以第一名的优异成绩代表中国参加了第44届世界技能大赛家具制作项目的比赛，取得较好成绩。

2019年，匠士吴晋卿在俄罗斯喀山举办的第45届世界技能大赛家具制作项目比赛中，战胜了28个国家和地区的青年选手，以732分的优异成绩获得银奖，赢得了莫大荣誉，受到中国政府的褒奖。

（九）一所木工学校为什么可以名闻遐迩

原因是多方面的。比如，严格的生源标准，严格的招生程序，严格的管理制度，严格的毕业考核。又如，办学宗旨独特，办学理念独特，办学模式独特，课程体系独特。

最关键的是，学校培养了大量的优秀学生。且不说学生在各项大赛上频频获得大奖，学校一次又一次成为木工业界关注的焦点，更是由于匠士品德和技能都很突出，众多优秀公司都来争抢我们的毕业生，以至于出现供不应求的状况。匠士们在企业吃苦耐劳，能力突出，深受欢迎。企业也给了匠士们优厚的待遇，匠士家庭脱贫，直至走向富裕。

比如首批匠士方凯，家住休宁县冬临溪镇巧坑村。2003年家访时我们了解到，他的母亲身体不好，不能干重活，父亲重伤在家休养（第二年患脑瘤去世），妹妹在临溪中学读书。方凯本想外出打工，挑起家庭重担，我们动员他到德胜—鲁班（休宁）木工学校上学。他在学校完成了学业，获得匠士学位，凭借优良的品德和过硬的木工技艺，在外资公司工作挣了钱，供妹妹上了高中直至大学毕业，自己不仅在村里盖了一栋三层楼房供母亲养老，还在城区买了房，过上了有房有车、有工作、有尊严的生活。

也有不少匠士自主创业，在家乡开办了家具厂、家装公司，展示了匠士风采。首批匠士汪斌，休宁县五城镇光家里人，毕业后在外资企业工作8年，2011年回到家乡开办了实木家具厂。由于产品质量好，生意做得不错。汪斌不仅养活了自己，还帮家庭致富了。

还有不少优秀毕业生成了其他省、市的引进人才，成为许多新创办的高职学校木工专业的教师。

另外，学校一直备受媒体的关注。中央电视台、《人民日报》、《光明日报》、《工人日报》、《中国青年报》、《半月谈》杂志等都有专题报道。凤凰卫视中文台《盗火者——中国教育改革调查》栏目对学校做了专题报道。英国的BBC也对学校做了采访报道，于2008年3月29日向全球播出。

学校的木工专业被文化部、国家民委、教育部联合确定为首批全国职业院校民族文化传承与创新示范专业点。德胜—鲁班（休宁）木工学校被中国陶行知研究会评为中国美丽乡村学校。学校还被杂志《时尚先生》列入中国“60个新希望”。

德胜—鲁班（休宁）木工学校是中等职业教育实践养活教育思想的一个成功的典范。

（本章原始资料由长江平民教育基金会提供）

附录

平民教育是美国教育的基本特征

——聂圣哲“岭南大讲堂”演讲摘录

平民教育就是教育面前人人平等

关于平民教育，我首先想纠正大家包括我自己曾经的一个错误认识。我们以前认为，平民教育就是社会底层百姓子弟的教育，就是打工子弟学校。其实不是的，今天我向大家汇报的平民教育有两个定义。

第一个定义是指平常百姓，特别是社会底层家庭的子女都可以享受的教育，这是从教育政策角度来定义的。第二个定义，教人做一个寻常的人，也就是**读平民的书、说平民的话，长大做一个遵纪守法、勤劳、诚实、有爱心、不走捷径、有正义感的合格公民，**这是从教育哲学、价值观的角度出发的。以前我们往往都是从第一个角度来说的，从第二个角度来说的很少。

平民教育的三个最基本理念

开世界现代教育先河的国家，总的来说应该是美国。我觉得从美国教育消费者的角度看，美国教育的基本特征就是平民教育。

美国教育有三个基本理念。

第一，**一个国家可以没有历史，也可以没有文化，但不能没有有效的教育**。这是美国最重要的教育理念。有些人总觉得，美国这个国家没有多长的历史，但是各位知道美国教育部成立于哪一年吗？成立于1867年。我刚去美国留学时，和国内很多“愤青”一样，觉得自己来自五千年文明之邦，觉得美国人都是暴发户。我去的斯坦福大学，也是一所年轻的学校，却是1888年就开始筹备创办的，而中国最老的三所大学是光绪皇帝颁旨成立的，是在1896年。美国抓有效教育，抓得早、抓得实在。

第二，智力多数是天生的，但优秀是教出来的。

第三，不论出身，每一个6—16岁的少年儿童都必须接受有效的教育，这是无条件的，否则对国家与社会来说，就可能多一个不合格的公民，多一个社会问题，从而削弱国家的整体实力。我们不能说，农民工的孩子就不是孩子，就该接受不好的教育，这对一个国家来讲是成问题的。**教育，在西方一些国家又被称为“人生重新洗牌的过程”**，人生之所以能够重新洗牌，就是因为教育面前人人平等。所以，平民教育就是教育面前人人平等。

美国这三个基本教育理念都充分体现了平民教育的思想，都充分体现了他们治国的务实、平和以及对人性、对国家、对公民的尊重。

美国教育还有一张隐性文凭

美国教育发给学生的是两张文凭。

第一张是显性文凭，即一般意义上的文凭，大家容易理解。隐性文凭，是我的一个重大发现。

美国孩子读完书之后，摆在身上的还有一张**隐性文凭，这就是具有平民意识的公民文凭**，即我刚才所说的，做一个诚实、勤劳、有爱心、不走捷径的谦卑公民。这种价值观的形成，是经由家庭、社会、学校的互动才得以完成的。

我觉得美国这张隐性文凭是质量比较高的，这张隐性文凭，将伴随一个人走完一生。一个国家给公民一张什么样的隐性文凭，或者给不给隐性文凭，这是非常重要的问题。

与平民教育相对的，是精英教育。美国人认为，平民教育和精英教育并不矛盾，**平民教育是精英教育的基础，没有平民教育的精英教育是不存在的。**只要平民教育做好了，精英教育就是水到渠成的事情，而只抓精英教育、忽视平民教育的教育，只有惨败一种结局。精英，多数情况下是很难被提早发现或定位的，精英也很难从小就被指定或通过人为拟定的培养方案就培养出来。真正伟大的天才，不是一般的教授可以发现的，爱因斯坦就申请过两次博士学位。一个国家要把教育办好，就要把平民教育做好，没有平民教育而枉谈精英教育，都是胡说八道。

一个国家不能把所有的学生都培养成爱因斯坦，更不能都用培养爱因斯坦的方法来培养所有的学生。**教育的目的，就是使一个学生将来能够准确地找到自己的位置。**

“因材施教，人尽其才”这句话，在美国教育界的解释是这样的：

第一，把一个只适合做木匠的人培养成博士，或者把一个只适合读博士的人培养成木匠，都是教育的失误。**把只适合做木匠的人培养成木匠，把只适合读博士、搞理论的人培养成博士，这样的教育才叫成功。**

第二，把孩子的真实情况告诉家长，是美国教育的重要部分，学校里的老师有着不可磨灭的功劳。从一年级起，老师就和家长开始沟通、交流，确保家长到孩子高中毕业时，基本上能够知道孩子未来适合做什么。

第三，地位的平等。不可以认为，一个教授比一个优秀的工匠地位高，在美国，一个木匠的收入跟一个正教授的收入应该说是一样的。现在美国一个木匠一天的收入大概是200—400美元。

第四，**客观对待辍学，认同“最优秀的孩子不会去读硕士或博士”的价值观**，这样会给孩子，特别是那些能在历史上留下痕迹的孩子，一个自由发展的空间。

他们意识到，绝顶聪明的孩子在平民教育完成之后，有时候需要通过辍学来变成精英，尤其是商界人士，比如比尔·盖茨、戴尔等等。在美国人的观念里，二流学生会读博士，一流学生是不会读完书的。客观对待辍学，就是平民教育的一个重要观念。

在美国，学历并非越高越好。在一个法治的市场经济社会里，政治家、商人的地位肯定是很高的，但他们不需要高学历。在美国，如果市长、州长的名片上印着一个博士学位，会被人视为怪物，这是我切身的体会。在美国人看来，市长应该更多地去体验民情，应该在20多岁时多去社区服务、演讲，了解平民百姓的疾苦，而读完博士的人，应该去做研究。

我们中国人往往把学位当作一个提高地位的台阶。我的一位同学，在美国某制药公司的研发中心担任首席科学家，他曾向我抱怨说，自己很想回国，可如果回去，由于没有博士学位，可能一所三本的学校都不会要他。

让孩子读书的目的

孩子从六七岁开始上学，那时的孩子，对自己的命运不具备主导能力，特别是6—12岁的孩子，基本上家长想让他读什么他就读什么。在中国，经常出现手指非常短，却非要在星期天学钢琴的孩子。我就常对我的表姐说，孩子的手指这么短，为什么让他去学钢琴？为什么就不能用这样的手指去社区做服务呢？

长大后尽量少花力气，当大官，多挣钱，是很多中国人在孩子教育问题上的基本出发点。而美国人读书的目的是各种各样的，有为服务社会的，有为个人兴趣的，等等。

美国人从灵魂深处认同“一分耕耘一分收获”的价值观，并认真传承着这种价值观。美国人读书的功利性不强。让我们假设，有一个精神病患者，拿着一千美元到街上逢人便送，十个美国人有八个是不敢要的，因为从小接受的平民教育告诉他，自己没有理由接受这个钱。他会问你，这个钱是怎么来的？为什么要送给他？这种有效的教育，使每一个公民都具有理性思考问题的能力：我没有付出劳动，怎么能拿你的钱呢？中国的教育，在这方面要补的课太多了，离现代教育还有很大的距离。

许多中国家长常说，再穷不能穷孩子。其实原话不是这样的，原话是：“**对国家来说，再穷不能穷教育；对家庭来说，再富也要穷孩子。**”国家再穷，教育预算也应该是最高的；家庭再富裕，也绝对不能让孩子挥霍。在美国，你几乎看不到富豪的孩子开跑车，因为只有让孩子习惯了节俭，他才能接受平民教育，否则就会一代一代地退化，最后变成纨绔子弟。比尔·盖茨把财产全部捐出，一方面是因为品德高尚，另一方面是因为他受平民教育文化的熏陶，有一张良好的隐性文凭。

遵守公共秩序要靠平民教育

美国的教育教给孩子的基本原则是，无论以任何理由，都不得侵害他人的权利。由于教育的卓有成效，优良的价值观不断传承，全社会形成了一种条件反射式的对公共秩序的遵守。

举一个我亲眼看到的例子。我在美国时，一个熟识的七年制学校的校长是一个50多岁的老太太。有一天，这个学校的学生家长突然接到通知，学校突发重大危机，要求家长们把车子开到学校一英里（约1.6公里）以外的地方待命。大家到了学校附近，看到学校上空有六架直升机，校长拿着一个大话筒站在学校的楼顶上喊话，告诉大家劫持人质的事件发生在附近的另外一个学校，枪声也来自那里，希望同学们不要惊慌。

这位校长拿着话筒、站在最不安全的地方，这是一个示范，让孩子们知道要有秩序地做某件事，特别是在紧急状态下。有学者说，中国以前是紧缺经济，所以中国的公共汽车才这么挤，因为不挤就上不去。说的有一定道理，但是平民教育就是要教育学生从潜意识里去遵守秩序，这样，站在公众利益的角度看，最后的获益是最大的。比如，美国“9·11”恐怖袭击发生时，世贸中心大楼内的楼梯自动分成三条道，一条残疾人道，一条普通人道，一条是消防员往上走的道，于是才有4000多人最终顺利地撤出。如果像某些学者所说的那样，归咎于资源紧缺，那么在紧急情况下，这条道就是最紧缺的，大家都去挤，最后我估计800人也挤不出来。**当遵守秩序成为一种习惯，整个民族的素质就提高了一步，这都是要靠教育，并且是靠平民教育来完成的。**

美国教育过程中不能碰的高压线

在美国，所有中小学不允许开除学籍（其中不包括外国来的国际生），但大学是可以开除学籍的。在大学里，只要有确凿的证据证明你撒了三次谎，肯定被开除，没有任何商量的余地，即便总统出面帮你也解决不了问题。可见，诚实在美国教育中的重要性。

公平、公正，也是美国教育一直坚持树立的观念。如果你说话的语气中流露出一点点对某个国家学生的歧视，哪怕一个小孩子，都会站出来指责你。因为在他们的潜意识中，这种平等、公平意识已经成为一种习惯。

平民教育要求人人平等，这对民主的最大好处，就是让孩子从小知道隐私的重要性。现在美国百分之百的学校都不会公布成绩，所以在美国，成绩较差的学生也能够昂首挺胸，因为别人不知道他的成绩是多少。克林顿的成绩总是C或B（60多分），但不影响他在讲堂里演讲。

美国学校，还有一个不需要写进校训的校训——“人生六诫”，这是我的第二个发现。这些都是美国学生从小学一年级起就知道的高压线，都和美国的基督教文化有关系：

一诫，不许把人当作偶像拜；

二诫，不许随意发誓起赌咒；

三诫，不许贪恋别人的财物；

四诫，不许懒惰不敬不感恩；

五诫，不许偷盗奸淫谋杀人；

六诫，不许撒谎害人做假证。

几个美国教育的小故事

有一天，一个七八岁的女孩说，要告诉我一件重大的事情。她说她准备花一美元参加俱乐部。我问，是什么俱乐部呢？她回答说，是“帮助俱乐部”。俱乐部的总经理是三年级的学生，共有30人参加，专门帮助社会上需要帮助的人。我开始也没太在意，过了几个月，有一天我翻《洛杉矶时报》，看到一则报道，就是报道他们的帮助俱乐部的。这个小女孩说，帮助俱乐部的总经理和报社签了合同，他们所提供的报道，稿费比其他报道高三倍。他们通过这些方式，把赚到的钱用于帮助盲人看（讲解）橄榄球赛，给社区穷人家的小朋友发巧克力，等等，最后还盈余了1000多美元。帮助俱乐部里有富家子弟，也有官员的孩子，**他们都在同一个平台上接受平民教育的理念，做一些在大人看来似乎没有意义，但是对孩子的成长却极其有益的事情。**

第二个故事是“美国新生上哈佛”。我一个同事的孩子，考上了哈佛大学，家里准备庆贺，他父亲说，请同事吃一顿饭吧。我们表示祝贺之后，就问孩子什么时候去哈佛，他回答说大概提前一个月，准备骑自行车去，从洛杉矶骑自行车到新泽西州。这一顿饭后，孩子就出发了。过了一个多月，他父亲就把孩子一路上的照片拿给我们看。他一路上骑着自行车，或搭便车，或在沿途的饭馆打工，并做社会调查，比如客人数量、单客消费状况，到了学校就递交了厚厚一本资料。出发前，孩子的父亲给了他300美元，结果他到学校后，不仅还了这300美元，还赚到了钱。美国的教育充满危机意识，如果不往前走，可能就会退步。

（《南方都市报》2008年8月5日报道）

这位普通妈妈
如何培养出两个耶鲁毕业的亿万富豪

在美国，有一位华裔妈妈教育孩子的故事，经美国媒体报道后一度引起热议。

这位华裔母亲出身贫苦，从小生活在马来西亚一个贫穷的农家。17岁时，她移民来到美国，经历的苦难可想而知。但后来成为母亲后，她培养出三个非凡的儿子。因为她的大儿子叫贾斯汀（Justin），我们姑且称她为贾妈妈吧。

先来谈谈她三个儿子的成就。

大儿子贾斯汀毕业于耶鲁大学，在攻读物理学和心理学的同时，创建了Twitch（实时流媒体视频平台）。2014年，Twitch以9.7亿美元的价格被亚马逊收购。

二儿子丹尼尔（Daniel）创办了Cruise公司，研发自动驾驶汽车。2016年，通用汽车公司以超过10亿美元的现金和股票收购了Cruise。

小儿子是一位出色的软件工程师。

在接受媒体采访时，儿子们说，是妈妈的“家务教育法”让他们学会了如何面对一切，包括创办和管理公司。

“你不能消除生活糟糕的部分，否则好时光也会变得没有意义”

要说贾妈妈有什么诀窍，回答很简单：从小让三个儿子帮忙做家务。

不仅是做家务，她外出工作的时候，还会毫不手软地把儿子们当“童工”来用。

她曾做过房地产经纪人，需要在周末修理破破烂烂的出租屋和其中的家具，再把房子租出去或者卖出去。所以每到周末，贾妈妈就带着三个儿子去完成维修房屋的所有工作——粉刷房屋，修理桌椅，打扫卫生……孩子们也经常要帮妈妈做一些基本的办公室工作，比如录入贷款数据之类的。

大儿子说：“帮妈妈干活压力很大。我永远也忘不了，当我们一边刷房子一边抱怨的时候，她会对我们说：‘你觉得这些活很难吗？如果你到我少年时曾经生活过的地方，我保证你连一天都坚持不下来！’她还告诉我们，生活经常面临困难和痛苦，但它同时也很美好，你必须接受美好有时伴随着困苦。你不能消除糟糕的部分，否则好时光也会变得没有意义。”

特殊的家务布置法，锻炼孩子的“团队精神”

在鼓励孩子做家务的同时，贾妈妈布置家务的方法也很特别。

家里有三个男孩，但贾妈妈并不像其他父母那样，单独给每个人布置任务，而是制定一张“家务清单”，像一张考卷一样，让三个儿子自己协商、选择做什么。只要单子上的家务没有做完，三个儿子就都不许自由玩耍。

大儿子说：“当时我们都觉得这很不公平，但是做家务确实教会了我们很多东西，它让我们从只考虑自己，变成了考虑我们的责任，让我们意识到三个人是一个小团队。”

很快，做家务就变成了组织一个团队、完成一项任务。一起工作，了解每个人的特点，分配任务，控制局面，计算彼此的工作量……这些训练，不断提高着孩子们的执行能力。

大儿子在接受采访的时候说："我觉得做家务和开公司其实是一样的。任何的初创公司，所有人都好比坐在同一艘船上，谁做了什么并不重要，我们需要把特定的事情做好，才能够成功，如果我们成功了，那么所有人都赢了，如果我们不成功，所有人就都输了。"正是妈妈的教育方法，教会兄弟三人如何在团队中工作，也让他们懂得了如何设立目标。

以身作则的非传统"虎妈"

生活里，三兄弟把自己的妈妈称为"虎妈"，但他们也说，她并不是传统意义上的虎妈。

贾妈妈的特别之处是"要求很高"，但她激励孩子的方法并不是惩罚，她不喜欢惩罚孩子。相反，她用设立高标准来激励孩子们，然后身教言传。

因为在一个贫穷的农民家庭长大，17岁从马来西亚刚到美国的时候，贾妈妈什么都不懂。但是她很好学，去学费便宜的社区大学读了两年书，之后转学到华盛顿大学就读，在那里得到了一个物理学的学士学位和一个计算机科学的硕士学位。毕业后，她刚开始在数据设备公司工作，干了几年以后又转去做房产经纪。

大儿子贾斯汀说："妈妈总是对我们说：你们做任何事情都要全力以赴。我把这句话理解为：你如果想要成为最棒的人，就只能通过努力奋斗来成为最棒的。这是一种很好的方式，它鼓励我们事事努力，做到到位为止。"

学会做家务助力人生成功

确实，做家务的价值可能远远超出你的想象。

2002年，明尼苏达大学专攻家庭教育研究的教授马蒂（Marty Rossmann）发表了一项震撼教育界的研究成果：家长通过鼓励孩子参与家务劳动，能对孩子的未来产生极其重要的影响——培养孩子的责任感，让他们学会设身处地地为他人着想，学会关爱他人。

家务劳动，能促进孩子从遐想到行动，不仅让孩子的身体得到锻炼，还能让孩子变得更聪明，促进负责抽象思维的那部分大脑的发育，提高孩子阅读、写作和计算的能力。做家务还能为孩子带来幸福感。研究发现，**当孩子们发现他们能为家庭作出有意义的贡献时，他们会感受到一种发自内心的深层快乐。**

长远来看，从小学会在家务中承担积极的角色，还能让孩子拥有更幸福的婚姻。

2007年，皮尤研究中心发布的一份报告中指出，分担家务是衡量婚姻满意度的三大因素之一。2013年，美国一项关于家庭问题的研究也发现，懂得彼此分担家务的夫妻，婚姻生活更幸福美满、更长久。

美国发展心理学家理查德（Richard Rende）曾说："今天的家长都想让孩子把时间花在能为他们带来成功的事情上，然而，具有讽刺意味的是，我们却正在抛弃一件已被证明**能够预言人生成功的事，那就是让孩子从小开始做家务。**"

肯特大学社会学教授弗兰克（Frank Furedi）也指出，如今社会和家庭正将年轻一代"幼儿化"，越来越多青少年心理上迟迟不肯成熟，有的人年近三十还无法脱离家庭独立生活。这就是中国所说的巨婴吧。

许多孩子因为缺少家务锻炼，脑前额叶发育越来越迟，而脑前额叶支配着人类的情绪控制、自我意识、理性思考、判断与决策、长期规划和延迟满足能力。

做家务要从幼儿抓起

怎样培养孩子做家务的习惯呢？关键是**尽早开始**。

Marty Rossmann博士基于著名教育研究员黛安娜（Diana Baumrind）花费25年时间采集的旧金山家庭的海量数据，通过分析这些家庭的孩子在三个年龄段（3—4岁、9—10岁、15—16岁）参与家务劳动的情况，再对照他们在25岁时的学习、事业与人际关系状况，并衡量了家庭教育方式、性别、IQ等变量的影响，最后发现：与9—10岁甚至15—16岁才开始参与家务劳动的孩子相比，3—4岁就开始学做家务的孩子到青春期时，与家庭的关系更紧密，更和谐，在25岁时普遍具备更强的能力，也更有机会成长为能很好地适应社会的成年人。

Marty Rossmann博士认为，假如家长在孩子9—10

岁，甚至15—16岁青春期才开始要求他们参与家务，孩子会认为家长在迫使他们做不愿意做的事。因为到了那个年龄，孩子们已经很难认识到分享家务的核心意义：每个人都是家庭的一分子，必须为这个家庭作出一份贡献。

心理学家梅德琳（Madeline Levine）解释了这种现象背后的原因："当孩子们放学回来的时候，告诉他们只需专注于学习，不用帮忙做家务，其实是在向孩子们传达这样的信息：学分和个人成就，比关心家庭成员和为家庭作贡献更重要。在孩子小时候，这看起来像是一个很微弱的信息，但随着时间的推移，日积月累，会变成一个可悲的、根深蒂固的观念。"

事实上，在孩子18个月的时候，就可以开始鼓励他参与适当的家务劳动了。心理学家发现，孩子人生中初次自然地产生想要帮助他人的动机，正是在这个年龄段。如果你善于观察，会发现，在孩子18个月左右时，当你打开门，或是捡起一个晾衣夹子有困难时，孩子可能会立刻伸出他的小手想要帮忙。此时，家长很容易忽略孩子的动机，从而把孩子想要帮助他人，想要为家庭作贡献的萌芽扼杀，因为幼儿通常是越帮越忙，家长的本能反应是把孩子赶走，然后自己赶快把家务干完。可是，**赶走孩子，却浪费了孩子在生命中接受家庭教育的时机，也是最珍贵的时机。**

让孩子帮忙，可能会让你花费更多的时间洗盘子（孩子没怎么洗干净），但却能轻而易举地让孩子对帮大人做家务萌发热情，效果远胜于你到青春期才开始教导他们。

六个方法帮孩子爱上做家务

1.分年龄制订家务计划

一旦你注意到孩子想要帮忙的渴望，就应开始为他制订适合其年龄的家务计划，随着孩子不断长大，计划从简单到复杂。

很多父母对孩子家务能力的期待值过低，然而，即便是很幼小的孩子，也会让你大吃一惊。所以，大胆地不断给予他们新的任务和更高难度的挑战，他们在努力完成任务的过程中，会不断增强对自己能力的理解，这将极大地帮助他们树立在这个世界上独立生活的自信心。

2. 用巧妙的语言勾起孩子的兴趣

美国儿童心理研究领域的权威杂志《儿童发展》（*Child Development*）发布了一项针对3—6岁孩子的研究成果，研究发现，感谢孩子“成为一个小帮手”（being a helper）比直接命令孩子去帮别人，能更显著地提高他们助人的意愿，这是因为，孩子普遍希望获得能让他们得到称赞的身份，比如被认为是一个“乐于助人且有能力帮助他人的好孩子”。

3. 像游戏晋级那样做家务

行为科学家已经证明“游戏化”在我们生活中的影响力。研究人员发现，把日常任务（如运动、学习、工作等）转化为游戏式的体验后，能极大地提升效率和驱动力。

你可以像游戏那样，在家务中给孩子设定闯关环节。一开始很简单，每完成一个任务就升一级，面临更高难度的新任务。比如，从让孩子叠衣服开始，直到赢得使用洗衣机的权利。

4. 不吝表扬，但谨慎奖励

心理学上把驱动分为内在驱动和外在驱动。内在驱动，源自你真正想做某件事的意愿。因为你对它感兴趣，很享受做这件事的过程，或者认为它值得去做。外在驱动则来源于某种人为的或金钱利益的驱使。外部驱动的问题在于，满足感与外部刺激是关联的，如果没有奖励，就再也没有行动的动力了。

研究显示，**外在的奖励实际上会降低内在的驱动力**。关于做家务，心理学家认为，给孩子劳务费会减少孩子想要帮助他人的内在驱动力。**把“无私地帮助他人”转变成了一项交易，这是需要谨慎的**。

无论孩子的表现好坏，对他付出的努力给予坚决的表扬。哪怕孩子真把事情搞砸了，与其责备他无能，不如肯定他的努力，帮助他总结，鼓励他进步。

5. 选择正确的任务形式，让孩子明白做家务的真正意义

为了建立设身处地为他人着想的同理心，家务应聚焦于照顾家庭（比如打扫客厅，为每个人做早餐），而不是照顾自己（比如打扫自己的卧室，为自己做早餐），由此让孩子理解到，“做家务”是体现家庭责任和家庭成员间关爱的一种方式。

6. 为“做家务”这件事营造积极的家庭舆论

不要把家务和惩罚联系在一起，这样会引起孩子

的反感。注意用积极的或至少中立的态度来谈论做家务这件事。如果你老是抱怨做家务，孩子当然更不愿意干。如果你表现出一种乐在其中的姿态，孩子自然会从积极的角度看待这件事。

最后，附上《美国家庭常见的分年龄家务计划》。为了孩子未来的成功和幸福，快让他们把袖子撸起来，把家务做起来吧！

美国家庭常见的分年龄家务计划

18个月—3岁：收拾书本和玩具，把衣服放进洗衣篮，把脏盘子放进洗碗机（事前把所有尖锐的餐具拿走！），帮忙分类衣物，把衣服放入洗衣机，帮忙拿走桌面杂物，帮忙清理泼出来的液体（比如咖啡、茶、酒），浇花，喂宠物，擦桌子和门把手；

4—5岁可新增：帮忙整理床铺，帮忙把东西从车里拿进屋，开饭前帮忙摆放餐具，帮院子除草，准备餐点时帮忙做一些简单工作；

6—7岁可新增：独立整理床铺，用吸尘器清扫房间，保持自己房间干净整洁，倒垃圾，把洗好的衣服收拾好，打扫车库，分类洗衣；

8—9岁可新增：带宠物去散步，做一些简单的小食或餐点，打扫厕所，操控洗碗机，整理车库；

10岁及以上可新增：洗车，打扫厨房，换床单，擦窗户，在大人的监护下给院子除草，清洗浴室，独立完成烹饪。

一份作废的规则*

——白妮18岁前行为规则（代家规）

一、总则

1. 设计好自己的未来：做一个服务社会、有益于社会，受社会尊重，相比长辈修养更有提高的人。

2. 针对未来的规划，做目前该做的准备。

3. 明确基本道理：

（1）所有习惯都要在少年以前养成。优秀是通过教育和学习后天得来的，儿时的习惯会影响一生。

（2）劳动，特别是做家务的训练，对每一个儿童来说比文化知识重要。

（3）礼貌是通过习惯养成的，必须形成条件反射

* 按：本规则于2003年5月2日经白妮小姑娘一家全体家庭成员签字生效，于2016年3月30日，白妮18岁的生日当天正式作废。

式的礼貌习惯。

（4）比约定的时间提前3—5分钟到达。

（5）自己能做的事，绝不让别人帮忙；自己不能做的事，争取学会做。

（6）离开一个地方时，争取把它恢复得比自己来之前更整洁漂亮。

（7）在以上几条都做到的前提下，再考虑文化学习和业余爱好学习（器乐、美术、声乐、舞蹈等）。

4. 家庭成员人人平等，但长辈更应受到晚辈的尊重。

5. 平时交流用中文。

6. 坚持每天写中文日记。

二、日常生活、学习规则

1. 与家长相处规则

说到做到，轻言细语，不得大声或不断重复；父母对白妮应有明确的要求，做到坦诚沟通，讲道理；白妮的合理要求，应得到尊重；白妮犯错误时，不训斥；错误严重时，可不予理睬作为处罚；非谈笑场合，家长不与白妮开玩笑。

2. 周日晚至周四晚的作息时间

（1）放学后的时间安排：选做两件家务，并洗碗；尽快完成作业，然后浏览网络；22：15洗澡，23：00睡觉。如果到22：15作业还没有做完，可以不做；每周一晚上，提醒家人或自己把垃圾桶拖到屋外。

（2）妈妈起床时叫醒白妮。白妮可选择自己铺床并协助妈妈铺床，或选择由妈妈铺床，自己负责做早餐。然后上学。

3. 周五到周六的作息时间

（1）周五放学后的时间安排：选做一件家务，并洗碗；尽快完成作业，然后浏览网络；洗澡时间不迟于22：30，然后睡觉。

（2）周六可睡到自然醒，但不迟于10：00起床。铺好自己的床。选择做一顿午餐或晚餐，并洗碗。完成一件大事（如全屋整理及大扫除）和一件小事。尽快完成作业。3—4小时自由支配时间，可看一场电影，或逛街，或在有大人在场时浏览网络。洗澡时间不迟于23：30，然后睡觉。

（3）周日可睡到自然醒，但不迟于8：30起床。铺好自己的床。吃早餐，弹钢琴。完成一件大事（如全屋整理，打扫花园并局部浇水，学着熨衣服，或布置房间）和一件小事情。尽快完成作业。4小时自由支配时间，可看一场电影（如果周六看了，周日不得再看），或逛街，或在有大人在场时浏览网络。22：15洗澡，23：00睡觉。

4. 进门要向所有人问好，出门要和所有人道别。

三、重大事情处理规则

以下事情应向父母通告（最好是事前），征求父母特别是母亲的意见：

1. 交重要朋友。

2. 超过100美元的大物件购买。

3. 参加聚会。

4. 向别人借东西（或金钱）或借东西给别人。

5. 接受他人的馈赠（包括吃饭）须取得父母同意。

6. 与老朋友断交，或与同学、朋友发生重大分歧或争吵。

7．感受到不安全，如隐私部位被人侵犯等。

8．心里有重大痛苦或重大喜悦。

9．对家庭成员有意见时，立即向父亲申诉。

四、其他规则

1．选一个较空闲的月份练习持家（由母亲协助）。

2．针对家庭成员返美或有重要客人来访，制订计划，安排接待。

3．提出方案，改善家庭布置。

4．策划一次拜访朋友的方案，并准备礼品。

5．每年暑假回美国陪奶奶生活14天，安排假期的劳动锻炼计划，并做详细记录（由奶奶协助）。

6．不支持16岁前谈恋爱。如有恋爱倾向，一定与母亲做交流。

7．策划一次朋友的来访招待，可申请家庭成员协助。

8．每月15日前提交预算，申请次月的零花钱。

9．遇到不公平的事，立即向家人（或单独向父亲）申诉。

五、生效

本规则一式两份，经全体家庭成员签字后生效。

全体家庭成员签字

2003年5月2日

养活教育之歌

（又名：养活自己是人物）

1=E（G）$\frac{3}{4}$

中速、轻快地

聂圣哲 词
刘天华 曲

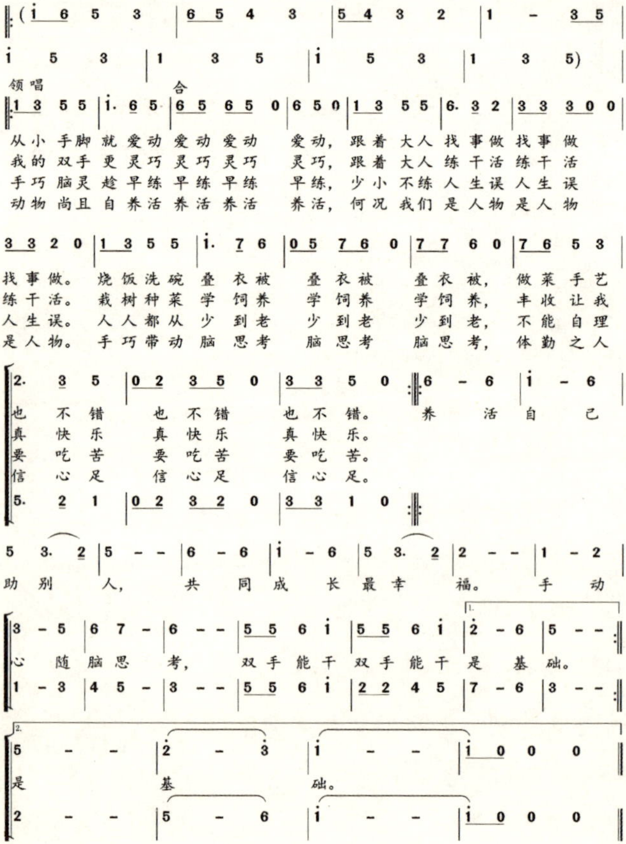

聂圣哲

1965年生，安徽省黄山市休宁县月潭村人。中国陶行知研究会副会长，长江平民教育基金会主席。

1997年创办德胜（苏州）洋楼有限公司，创建了德胜管理体系，与福特管理体系、丰田管理体系并称世界三大传统工业管理体系。

2003年创办德胜—鲁班（休宁）木工学校，2008年创办诧楷执行学院（原名诧楷酒店管理学院），向社会输送诚实、勤劳、有爱心、不走捷径的毕业生。

2009年提出养活教育思想，主张平民家庭一定要培养能生活自理，能养活自己，懂生活、不啃老、不畏困难、积极克服困难的下一代。

聂圣哲于2003年最早提出“工匠精神”理念，后又提出“中国精造”“瞬间亲情论”等理念，引起广泛的社会反响。

劳动课与养活教育

作者 _ 聂圣哲

产品经理 _ 王光裕　装帧设计 _ 肖雯　产品总监 _ 贺彦军

技术编辑 _ 顾逸飞　特约印制 _ 陈金　策划人 _ 吴畏

物料设计 _ 肖雯

鸣谢（排名不分先后）

欧阳颖 刁俊娅

果麦

www.guomai.cc

以 微 小 的 力 量 推 动 文 明

图书在版编目（CIP）数据

劳动课与养活教育 / 聂圣哲著. -- 杭州 : 浙江文艺出版社, 2022.7
ISBN 978-7-5339-6878-6

Ⅰ. ①劳… Ⅱ. ①聂… Ⅲ. ①劳动教育 Ⅳ. ①G40-015

中国版本图书馆CIP数据核字(2022)第096635号

劳动课与养活教育
聂圣哲 著

责任编辑 罗 艺
装帧设计 肖 雯

出版发行 浙江文艺出版社
地　　址 杭州市体育场路347号　　邮编 310006
经　　销 浙江省新华书店集团有限公司
　　　　 果麦文化传媒股份有限公司
印　　刷 北京世纪恒宇印刷有限公司
开　　本 787毫米×1092毫米　1/32
字　　数 117千字
印　　张 8
印　　数 1—30,000
版　　次 2022年7月第1版
印　　次 2022年7月第1次印刷
书　　号 ISBN 978-7-5339-6878-6
定　　价 49.80元

版权所有 侵权必究
如发现印装质量问题，影响阅读，请联系021-64386496调换。

本书阅读记录

友情提示：
阅读本书时请做以下记录，以便后面阅读的人了解本书的阅读记录。

1. 我于______年____月____日至______年____月____日，
阅读本书。签名：____________

2. 我于______年____月____日至______年____月____日，
阅读本书。签名：____________

3. 我于______年____月____日至______年____月____日，
阅读本书。签名：____________

4. 我于______年____月____日至______年____月____日，
阅读本书。签名：____________

5. 我于______年____月____日至______年____月____日，
阅读本书。签名：____________

6. 我于______年____月____日至______年____月____日，
阅读本书。签名：____________

7. 我于______年____月____日至______年____月____日，
阅读本书。签名：____________